改訂版

未払い
残業代請求

法律実務マニュアル

旬報法律事務所［編］

学陽書房

改訂にあたって

　本書の初版は、平成 26 年 7 月に刊行され、以来、幸いにも好評を得ることができました。しかし、法律系の実務書は、時が経てば情報が古くなることは避けられません。そのため、時の経過とともに、本書の改訂版を出す必要性を強く感じていました。そして、初版から 8 年を経過した今、ようやく改訂版を出すことができました。

　この 8 年間、労働法の改正や新民法の施行など、残業代請求に関わる基本的な法分野に大きな変化がありました。また、裁判例では、残業代請求に関する複数の最高裁判例・下級審裁判例の出現など、日々新しい判断が積み重ねられていました。加えて、新型コロナウイルス感染拡大の影響によるテレワークの浸透など、労働の現場にも変化が起きました。

　こうした 8 年間の動向を受け、改訂版では、いわゆる「働き方改革」に関する法改正（平成 30 年改正）の記載を大幅に加筆しました。1 か月を超えるフレックスタイム制、高度プロフェッショナル制度、使用者の労働時間把握義務などが主なところです。

　また、令和 2 年 4 月から施行された新民法に関連して、消滅時効期間が 2 年から 3 年へと変更されたことや、遅延損害金利率に変更があった点についても記載を加えました。

　さらに、この 8 年の間に出された多数の裁判例を踏まえて全体的な裁判例のアップデートをしました。特に、固定残業代については、最高裁判例が複数出た他、多くの裁判例が出ていますので、それらを踏まえ、初版とは記載を差し替えて、主張のポイントを整理しました。

　この他にも、「非労働時間」であるとの使用者側のよくある反論についても記載を差し替えて整理し、よりわかりやすくしました。また、少しずつ裁判例が積み上げられている変形労働時間制についても、最新の裁判例を踏まえて加筆しました。

労働の現場で急速に浸透している「テレワーク」については、従来の考え方について批判的に加筆しました。これまでは消極的に捉えられがちであった「在宅労働」も、コロナ禍における働き方の変化の中では、「労働時間」該当性について積極的に見直される必要があります。

　そもそも法は、なぜ残業について「割増賃金」を要求するのでしょうか。それは、「人は働きすぎると健康を害し、死んでしまう」という考えが原点となっています。法は、一定の時間を超えた労働については、通常支払われるべき賃金よりも高い賃金を使用者に支払わせることによって、「働かせすぎ」を少しでも防ごうとしているわけです。

　しかし、一部の使用者は、こうした割増賃金制度についてよしとせず、あの手・この手で支払いを逃れようとします。時には法を真っ向から破り、時には法の隙間をうまく利用し、時には労働者の無知に乗じて──。

　私たちが未払いの残業代を請求するのは、法の趣旨の実現の一環です。正確に残業代を支払わせることは、割増賃金制度を機能させることであり、それは、その労働者の経済的満足だけでなく、労働者全体の健康と命を守る意味があるのです。自戒の念を込めてですが、このことは常に意識しておく必要があります。

　さて、改訂作業を行う中、8年という時間がいかに長かったかを反省せざるを得ませんでした。本書の改訂について話が出たのは、初版の7刷増刷が決まったとの報を学陽書房の伊藤真理江さんからいただいたときでした。それから遅々として進まぬ作業を辛抱強く見守っていただき、ここに至ることができました。本書が世に出せたのも伊藤さんのおかげです。この場を借りて御礼申し上げます。

　令和4年7月

弁護士　佐々木亮

初版　はじめに

　本書は、残業代請求訴訟を正しくなすための本です。本書に従えば、「弁護士であれば誰でも残業代請求訴訟を提起できる」というコンセプトのもとで作成されました。

　第1章は、事実関係を把握して、残業代を計算し、訴状を作成するための必要十分な情報を思考過程と同じ流れで執筆しています。したがって、新人弁護士はもちろん、残業代請求訴訟を初めて依頼された弁護士にも適したものとなっています。

　そして、第2章では、使用者側からの反論に対する再反論を念頭において執筆しています。特に、訴訟などにおいて、使用者側からの反論には一定のパターンがあります。この反論に適切に対処できるようにしたつもりです。個別の論点においては、応用的な問題にも対処できるよう、できるだけの情報を盛り込みました。

　本書一冊で、残業代に関する紛争で起こりうるほとんどの問題に対処できるのではないかと自負しているところです。

　そもそも法は、原則として、1日8時間、週40時間を超えた労働、休日や深夜の労働に対し、割増賃金の支払いを使用者に義務付けています。法がこのような規制をするには理由があります。それは、人は働き過ぎると健康を害し、死んでしまうからです。我が国の労働基準法は、不十分ではありますが、このような規制を使用者に課すことで、労働者を長時間労働させないようにしようとしているのです。

　ところが、連合総研調査によると、残業手当が出る人で手当全額が支払われているのは46.9％に過ぎず、全く支払われていない人も6.9％もいるとのことです。また、労務行政研究所の調査では、「部長」と名がつくと95％の労働者が残業代を支払われておらず、「課長」で88％、「課長代理」でも51％の労働者が残業代を不支給とされている

とのことです。「名ばかり管理職」という言葉が世に出回り、随分と年月は経ちましたが、この有様です。

　一方で、書店のビジネス書コーナーには多くの残業代"対策"のための本が並んでいます。要するに使用者側の視点から、いかに残業代を払わないかという書籍がたくさん出版されているのです。

　このような使用者側に立った残業代"対策"に関する本が専門書店の書棚の広範囲を占めている現状は、先に述べた本来の法の趣旨に立ち戻ると違和感を禁じ得ません。残業代を払わない"対策"ではなく、長時間労働をさせない"対策"こそが必要なはずなのです。

　しかし、現状は先の各調査結果にも見るとおり、労働者の少なくない人達が残業代を支払わない企業で働き、他方で使用者は、いかに残業代を"浮かす"かに興味を持ち、力を注いでいることになります。

　このような現状において、残業代請求は単なる金銭請求にとどまらない、社会的な意味があります。残業代を使用者に正しく支払わせることは、個別の労働者の権利の実現に加えて、世の中から長時間労働をなくす一助にもなるからです。本書の存在意義はそこにあります。本書によりサービス残業を強いられた労働者が、少しでも多くの賃金を取り戻すことができれば、望外の喜びであります。

　なお、本書の作成にあたっては、当事務所の鴨田哲郎弁護士及び今村幸次郎弁護士から多数の助言を受けました。本書の質の向上には、両弁護士の力によるところが大きいのが正直なところです。また、本書が世に出せたのは学陽書房編集部高田龍太郎氏のおかげです。「読み手」を意識した有益な助言を、やはり多数いただきました。この場を借りて、それぞれ感謝の意を表します。

　平成 26 年 7 月

　　　　　　　　　　著者を代表して　弁護士　佐々木亮

改訂版 未払い残業代請求 法律実務マニュアル　目次

第2章　使用者側の抗弁への反論

❶　非労働時間であるとの主張 ・・・・・・・・・・・・・・・・・・・・・・・・・ 80

❷　固定残業代、各種手当、基本給に包含して
　　支払い済みであるとの主張 ・・・・・・・・・・・・・・・・・・・・・・・・ 84

第3章 **残業代請求の相談から解決までの手続**

凡　例

●法令は令和4年5月1日現在公布されているものです。
●本文中、「残業代」と表記している場合は、所定労働時間外の労働に対する賃金（労基法上の「時間外、休日及び深夜労働の割増賃金」を含む用語）としています。また、「割増賃金」と表記する場合は、労基法37条にいう「割増賃金」を意味しており、法律用語として用いています。
●本文中、法令と判例、参考文献は（　）内に略記してあります。略記表を参照してください。

略記表
●法令
労基法＝労働基準法
労基則＝労働基準法施行規則
労契法＝労働契約法
労審法＝労働審判法
労安法＝労働安全衛生法
労安則＝労働安全衛生規則
民訴法＝民事訴訟法
民訴規則＝民事訴訟規則
民調法＝民事調停法
民執法＝民事執行法
民保法＝民事保全法
賃確法＝賃金の支払の確保等に関する法律
賃確則＝賃金の支払の確保等に関する法律施行規則
個別紛争解決促進法＝個別労働関係紛争の解決の促進に関する法律
改正前民法＝民法の一部を改正する法律（平成29年法律第44号）による改正前の民法
改正前商法＝民法の一部を改正する法律の施行に伴う関係法律の整備等に関する法律（平成29年法律第45号）による改正前の商法

●判例

民集＝最高裁判所民事判例集
刑集＝最高裁判所刑事判例集
判タ＝判例タイムズ
労判＝労働判例
労経速＝労働経済判例速報
最判＝最高裁判所判決
高判＝高等裁判所判決
地判＝地方裁判所判決

●参考文献

菅野	菅野和夫著『労働法　第12版』(弘文堂　2019年)
水町	水町勇一郎著『詳解　労働法［第2版］』(東京大学出版会　2021年)
白石	白石哲編著『労働関係訴訟の実務〔第2版〕』(商事法務　2018年)
労基局労基法・上	厚生労働省労働基準局編『令和3年版　労働基準法　上巻』(労務行政　2022年)
類型別Ⅰ	佐々木宗啓ほか編『類型別労働関係訴訟の実務〔改訂版〕Ⅰ』(青林書院　2021年)
審理ノート	山口幸雄・三代川三千代・難波孝一編『労働事件審理ノート　第3版』(判例タイムズ社　2011年)
証拠保全	東京地裁証拠保全研究会編著『新版　証拠保全の実務』(きんざい　2015年)
証拠収集	東京弁護士会法友全期会民事訴訟実務研究会編集『証拠収集実務マニュアル　第3版』(ぎょうせい　2017年)
注釈労基法・上	東京大学労働法研究会編『注釈労働基準法　上巻』(有斐閣　2003年)
注釈労基法・下	東京大学労働法研究会編『注釈労働基準法　下巻』(有斐閣　2003年)

第 *1* 章

事実関係の把握と
残業代の計算

1 基本的な事実関係を把握する

ポイント

・相談者（労働者）から基本的な事実関係（労働条件）を聴取する。
・労働協約、就業規則、労働契約の内容と労基法の規定を比較する。
・各規範の優劣関係に留意する。

（1）事実関係の把握

　労働者が残業代請求について相談に来たとき、弁護士が最初にすべきことは、基本的な労働条件を聴き取ることです。

　以下のモデルケースを例にみていきましょう。

〈モデルケース〉

① 　Xは、平成30年4月1日、Y社（従業員数約500名、資本金4億円）に入社し、営業事務を担当する従業員である。

② 　出退勤時間はタイムカードによって管理されている。

③ 　就業規則のうち、労働時間及び賃金に関する内容は以下のとおりである。

・始業時刻は午前9時、終業時刻は午後5時、休憩時間は午後0時から午後1時（※変形労働時間については規定なし）。

・休日は、土曜、日曜、国民の祝日、夏季休暇5日、12月30日〜1月3日。

・給与は、別途賃金規程の定めるところにより支払う。

・時間外、深夜、休日労働の割増賃金については、労基法の定めるところにより支払う。

④　賃金規程の内容は以下のとおりである。

・給与は毎月 15 日締め当月 25 日払い（ただし、25 日が休日の場合には、その前日に支払う）。

・給与の内訳は、基本給と各種手当から構成される。

・各種手当の内容は次のとおりである。

「通勤手当」：通勤距離を段階的に区分し、それに応じた一定額を支給する。

「住宅手当」：持ち家は 4 万円、賃貸は 2 万円を支給する。

「皆勤手当」：当月の賃金支給対象期間の所定労働日につき全て遅刻・欠勤がない場合に 5000 円を支給する。

⑤　X の月給は 23 万 5000 円であり、内訳は、基本給 20 万円、住宅手当 2 万円、通勤手当 1 万円、皆勤手当 5000 円である。

⑥　現時点は令和 5 年 4 月 1 日であり、過去 3 年間（令和 2 年 4 月 25 日支払分〜令和 5 年 3 月 25 日支払分）の残業代を請求する。

　以上は、残業代請求事件において、基本的な事実関係です。訴状を作成するにあたっては、最低限、この程度の事実（労働時間、休日、賃金額、時間管理の方法等）を把握しておかなければなりません。相談を受けた際の具体的対応については、第 3 章を参照してください。

（2）実労働時間に行っている勤務内容の確認

　労働者から出社してから退社するまでの間の勤務内容をできるだけ

詳しく聴き取り、訴状に書きましょう。

これを書くことによって、裁判所に労働者の業務について具体的なイメージを持ってもらうことができますし、労働者が主張する実労働時間（第1章第3節参照）の根拠に関する主張となります。

（3）就業規則等と労基法の比較

残業代について労働協約、就業規則、労働契約の各規定に労基法と異なる内容が規定されている場合、どれを基準に残業代を請求すべきでしょうか。結論からいえば、労基法の内容と労働者に適用される規定を比較し、有利な方で請求することになります。労働者にどの規定が適用されるかについては、まず、労基法は最低基準であり、これを下回る労働協約、就業規則、労働契約は無効です。もちろん、最低基準ですから労基法を上回るものは有効です。

次に、労働協約は、就業規則、労働契約に原則として優先します（労働協約と労働契約の優劣関係について、詳しくは水町144頁以下）。

最後に、労働契約が就業規則よりも有利な内容であれば労働契約が優先します。他方、労働契約が就業規則より不利な内容であれば、そのような合意は無効とされ、就業規則が優先します（労契法12条）。

各規範の優劣関係は、以下のとおりです。

労基法 > 労働協約 > 就業規則* > 労働契約
＊労働契約より有利な内容に限る

ちなみに、実際の残業代請求において、労基法と就業規則の各規定の優劣を検討するのは、①就業規則等で所定休日労働についても法定休日と同じ割増賃金を支払う旨を規定している場合、②就業規則等で規定された残業代の基礎となる賃金の計算方法が労基法よりも有利な場合、③就業規則等で労基法より高い割増率を定めている場合等が挙げられます。

時間単価を算出する

- ・労基則 19 条の計算方法をしっかり確認する。
- ・計算に必要なのは、「賃金」「所定労働時間」「所定休日」の 3 点。
- ・モデルケースについて計算してみる。

（1）残業代の算出方法

　事実関係を把握したら、次に請求すべき残業代を計算します。なお、使用者が適法に残業をさせるには 36 協定（労基法 36 条）が必要ですが、残業代は、36 協定が存在しなくても発生します（小島撚糸事件・最判昭和 35・7・14 刑集 14 巻 9 号 1139 頁）。

　残業代は、「通常の労働時間又は労働日の賃金」に割増率を乗じて算定されます（労基法 37 条）。そして、この「通常の労働時間又は労働日の賃金」の具体的な算定方法は、労基則 19 条に規定されており、これが残業代を計算する際の時間単価となります。

　よって、残業代の計算方法を式で表すと、以下のとおりとなります。

残業代　＝　時間単価　×　残業した時間　×　割増率

　ただし、実際の事件では計算に必要ないくつかの要素が不明であるために計算に悩むことが多いのが現実です。しかし、消滅時効や除斥

期間があるため、ある程度労働者から事情聴取しても不明な部分については、使用者が反論した際に修正すればよいと割り切って労働者に有利に計算してしまい、迅速に訴訟提起するようにしましょう。

労働基準法施行規則

第19条　法第37条第1項の規定による通常の労働時間又は通常の労働日の賃金の計算額は、次の各号の金額に法第33条若しくは法第36条第1項の規定によつて延長した労働時間数若しくは休日の労働時間数又は午後10時から午前5時（厚生労働大臣が必要であると認める場合には、その定める地域又は期間については午後11時から午前6時）までの労働時間数を乗じた金額とする。

一　時間によつて定められた賃金については、その金額

二　日によつて定められた賃金については、その金額を一日の所定労働時間数（日によつて所定労働時間数が異る場合には、一週間における一日平均所定労働時間数）で除した金額

三　週によつて定められた賃金については、その金額を週における所定労働時間数（週によつて所定労働時間数が異る場合には、四週間における一週平均所定労働時間数）で除した金額

四　月によつて定められた賃金については、その金額を月における所定労働時間数（月によつて所定労働時間数が異る場合には、一年間における一月平均所定労働時間数）で除した金額

五　月、週以外の一定の期間によつて定められた賃金については、前各号に準じて算定した金額

六　出来高払制その他の請負制によつて定められた賃金については、その賃金算定期間（賃金締切日がある場合には、賃金締切期間、以下同じ）において出来高払制その他の請負制によつて計算された賃金の総額を当該賃金算定期間における、総労働時間数で除した金額

七　労働者の受ける賃金が前各号の二以上の賃金よりなる場合には、その部分について各号によつてそれぞれ算定した金額の合計額

2　休日手当その他前項各号に含まれない賃金は、前項の計算においては、これを月によつて定められた賃金とみなす。

(2) 時間単価の算出方法

① 労基則 19 条に基づく計算

　モデルケースは月給制ですので、労基則 19 条 1 項 4 号に該当します。この「月によつて定められた賃金」が残業代請求の基礎となる賃金（基礎賃金）です。

　時間単価の計算方法を式で表すと、以下のとおりになります。

> 時間単価＝月によつて定められた賃金　÷　月平均所定労働時間

② 基礎賃金の対象となる賃金の振り分け

　労基則 19 条に従って計算する際、同条の「賃金」（基礎賃金）には、労働者に支払われている給与をそのまま当てればよいわけではありません。給与のうち、①「家族手当」、「通勤手当」、「別居手当」、「子女教育手当」、「住宅手当」、②「臨時に支払われた賃金」（たとえば、結婚手当。昭和 22・9・13 発基 17 号）、③「一か月を超える期間ごとに支払われる賃金」（たとえば、賞与。労基則 8 条参照。年俸制における賞与については、第 2 章第 3 節参照）は基礎賃金に含まれません（労基法 37 条 5 項、労基則 21 条）。

　①が除外されるのは、同一時間の時間外労働に対する割増賃金額が労働内容・量と無関係な労働者の個人的事情で変わってくるのは不合理だからです。②が除外されるのは、「通常の労働時間又は労働日の賃金」といえないからです。③が除外されるのは、計算の困難性からです（菅野 520 頁）。

　実務でよく問題になるのは①です。たとえば、①で除外される「住宅手当」は、各労働者が負担している住宅費用に応じて算定されるもの（費用に定率を乗じて算定したり、費用を段階的に区分して各区分に応じて一定額を支給したりする場合）を意味します。住宅の形態ごとに一定額を支給する場合（モデルケースの例）や住宅費用にかかわらず一定額で支給される場合は該当しません（平成 11・3・31 基発

170 号）。通勤手当（昭和 23・2・20 基発 297 号）や家族手当（昭和
22・11・5 基発 231 号）についても同様です。

　また、給与の費目が①②③に該当しなくても、「通常の労働時間又
は労働日の賃金」か否かの争いが生じることがあります。この点は、
多数通達が出ており、『解釋通覧　労働基準法』（厚生労働省労働基準
局編著、総合労働研究所、2002 年）にも掲載されているので参考に
してください。

　また、ある特定の手当が固定残業代であると適法に認められる場合
には（固定残業代の問題については、第 2 章第 2 節参照）、当該手当
は「通常の労働時間又は労働日の賃金」に該当しないので注意が必要
です。

③　所定労働時間数の算出

　労基則 19 条で規定されている「所定労働時間」とは、労働契約上
の始業時（労働時間の開始時）から終業時（労働時間の終了時）まで
の時間（所定就業時間）から、労働契約上の休憩時間を差し引いた時
間です。

　モデルケースのような月給制の場合、「月における所定労働時間数」
を算出する必要があります。また、月によって所定労働時間数が異な
る場合には、「1 年間における 1 月平均所定労働時間数」を算出する
必要があります（実際の事案では、月によって所定労働時間数が異な
ることがほとんどです）。

　月平均所定労働時間数を算出するには、まず年間所定労働日数を算
出します。全ての日は、「所定労働日」（労働契約上、労働義務が設定
されている日）と「所定休日」（労働契約上、労働義務が設定されて
いない日）に分けられます。さらに、所定休日は、「法定休日」と
「法定外休日」とに分かれます。

　法定休日とは、使用者が、労働者に対し、毎週少なくとも 1 回与え
ることを義務づけられている休日をいいます（労基法 35 条 1 項）。こ
の日に労働させた場合は休日割増賃金が発生します。

法定外休日とは、労基法が要求する週1日の法定休日のほかに、就業規則や労働契約において定められた休日をいいます。

したがって、年間所定労働日数は、次の式によって求めることができます。

> 年間所定労働日数 ＝ 1年間の日数 － 年間所定休日数

次に、年間所定労働時間数（1年間の所定労働時間の合計）を算出します。各労働日の所定労働時間が一定であれば、年間所定労働時間数は次の式で求めることができます。なお、日によって所定労働時間が異なる場合は、それに従って計算します。

> 年間所定労働時間数 ＝ 年間所定労働日数 × 1日の所定労働時間

年間所定労働時間数を算出したら、それを1年間の月数である12で割ると、月平均所定労働時間を算出することができます。

> 月平均所定労働時間数 ＝ 年間所定労働時間数 ÷ 12

あらためて月平均所定労働時間数の算出手順を整理すると、以下のとおりです。

> ①年間所定労働日数を出す
> 　1年間の日数 － 年間所定休日数
> ②年間所定労働時間数を出す
> 　年間所定労働日数（①）× 1日の所定労働時間数
> ③12で除す
> 　年間所定労働時間数（②）÷ 12

④　時間単価の算出

したがって、月によって定められた賃金を月平均所定労働時間数で割ると、時間単価を算出することができます。

●参考　休日・休暇・休業・欠勤の違い

　「休暇・休業・欠勤」は、労働者が労働を提供しないという点では「休日」と同じですが、法的意味は異なります。基礎賃金の計算で問題になるのは、「休日」であり、「休暇・休業・欠勤」ではないので注意してください。

　休日は、もともと労働義務が設定されていない日ですが、休暇・休業・欠勤は、労働義務が設定されていたにもかかわらず、労働者が労働を提供しなかった場合をいいます。

　休暇・休業・欠勤の違いは、以下のとおりです。

①休暇

　労働者が労働義務の免除請求権を行使することにより、労働義務が免除された日のことです。免除請求権は、労基法等の法律により認められる場合（例：年次有給休暇、生理休暇、産前産後休業、育児介護休業）と労働契約や就業規則で認められる場合（例：慶弔休暇、リフレッシュ休暇）があります。

　なお、労基法等の法律は「休暇」（例：年次有給休暇、生理休暇）と呼ぶ場合と、「休業」（例：産前産後休業、育児介護休業）と呼ぶ場合がありますが、性質としては同じものです。

　ちなみにモデルケースでは「夏季休暇」を「休日」と規定しています。こういうケースもあるので、「休日」か「休暇」については、注意深く就業規則等を見ていく必要があります。

②休業

　会社の責任で、労働義務が免除された日のことです（例：臨時休業、一時帰休）。

③欠勤

　労働者の責任で、労働を提供しなかった日のことです。

(3) 計算にあたっての諸問題

① 端数の処理

　時間単価を算出した際、小数点以下の端数が生じることがあり、このとき、その処理について問題が生じます。

　これに関する通達（昭和 63・3・14 基発 150 号）がありますが、煩雑な処理になるので、小数点以下の数値を切り捨て、または、切り上げて処理するのがよいでしょう。

　ただし、端数の処理をする際、使用者に不利になるよう処理することは法律上の根拠がないことに注意してください。

② 1 年の始期・終期と賃金の支給対象期間の関係

　たとえば、毎月 15 日締め当月末日払いの場合、1 月末日に支給される賃金の支給対象期間は、昨年 12 月 16 日〜当年 1 月 15 日となります。この場合の当年の月平均所定労働時間を算出する際、1 年の始期・終期を昨年 12 月 16 日〜当年 12 月 15 日とするか、当年 1 月 1 日〜当年 12 月 31 日とするか問題になります。この点については、法律の規定はありません。2 つの方法で大きな差がでることは考えにくいので、とりあえず計算しやすい方法で計算しましょう。

③ 就業規則で年・月の期間が規定されている場合

　会社によっては就業規則等において年・月の期間（始期・終期）が規定されている場合があります。厳密には労基則との優劣関係が問題になりますが、就業規則等に規定がある場合はそれに従ってよいでしょう。また、就業規則等に年次有給休暇を付与する基準日が規定されている場合もあり、それを基準にしてもよいでしょう。

④ 就業規則などに所定休日の明確な規定がない場合

　実際の事件では、就業規則や労働契約に所定休日の規定が存在しなかったり、存在しても「休日は、土、日、国民の祝日、その他会社の定める日とする」というように規定から所定休日が特定できない場合があります。また、所定休日を「シフト表により指定する」と規定さ

れている場合もあります。さらに、休日なのか休暇なのかよくわからない場合もあります。

このような場合には、就労実態や手元にあるシフト表から所定休日を認定し、それに従って計算することになります。

また、何の定めもないような場合や所定休日の特定が不可能な場合には、労基法上、1週当たり1日の法定休日を与えなければならないので、所定休日を1週当たり1日として計算しましょう。

⑤　途中入社の場合の1年間の始期と終期

たとえば、令和3年4月に入社した月給制の従業員が令和3年5月〜12月の残業代を請求する場合、解釈上、令和3年の月平均所定労働時間の算出方法は、1年間の始期と終期を令和3年1月1日〜同年12月31日として12で除して算出する方法と、始期と終期を令和3年4月1日〜令和3年12月31日として9で除して算出する方法が考えられます。これも、どちらか計算しやすい方法を採るのがよいでしょう。

⑥　出来高払いの場合

出来高払い（例：歩合給制）の基礎賃金は、出来高払いによって計算された賃金総額を当該賃金の賃金算定期間における「総労働時間数」で除して計算し（労基則19条1項6号）、賃金の一部が歩合給という場合は、固定給部分と歩合給部分に分けて基礎賃金を計算します（労基則19条1項7号）。具体例として、次頁に計算例を挙げましたので、参照してください。

さらに、行政解釈では、出来高払いの場合に残業代を算出するにあたっては、残業時間に対する時間当たりの賃金（つまり、1.0部分）は支払われており、残業代として請求できるのは、基礎賃金に割増率（たとえば、時間外労働であれば0.25）を乗じ、それに時間外労働時間数を乗じて算定する部分のみであるとされているので注意しましょう（平成11・3・31基発168号。歩合給の対象となる成果は、実労働時間全体によって生じるという考え方に基づくものと思われます）。

●参考　固定給＋歩合給の場合の実際の残業代計算例

　月給制で、固定給 20 万円の労働者が、当該月に歩合給 5 万円を支給される事案を想定します。月平均所定労働時間数は 170 時間、当該月の総労働時間数は 200 時間とすると、労働者の当該月の時間外労働時間数は 30 時間となります。計算の便宜上、全て「法外残業」とします（法外残業については本章第 4 節参照）。

　この場合の残業代は、次のとおり計算します。

〈計算式〉

$$\underset{\text{基礎賃金}}{（20\text{万円}÷170\text{時間}）}×\underset{\text{残業時間}}{30\text{時間}}×\underset{\text{割増率}}{1.25}≒44,100（A）$$

固定給部分

$$\underset{\text{歩合部分の基礎賃金}}{（5\text{万円}÷200\text{時間}）}×\underset{\text{残業時間}}{30\text{時間}}×\underset{\text{割増率}}{0.25}=1,875（B）$$

歩合給部分

A ＋ B ≒ 4 万 5975 円

4 万 5975 円が請求できる残業代ということになります。

（4）モデルケースの計算

　モデルケース（2 頁）の賃金規程から時間単価を実際に計算してみましょう。

④　賃金規程の内容は以下のとおりである。
　・給与は毎月 15 日締め当月 25 日払い（ただし、25 日が休日の場合には、その前日に支払う）。
　・給与の内訳は、基本給と各種手当から構成される。
　・各種手当の内容は次のとおりである。
　「通勤手当」：通勤距離を段階的に区分し、それに応じた一定額を支給する。

「住宅手当」：持ち家は4万円、賃貸は2万円を支給する。

「皆勤手当」：当月の賃金支給対象期間の所定労働日につき全て遅刻・欠勤がない場合に5000円を支給する。

⑤　Xの月給は23万5000円であり、内訳は、基本給20万円、住宅手当2万円、通勤手当1万円、皆勤手当5000円である。

⑥　現時点は令和5年4月1日であり、過去3年間（令和2年4月25日支払分〜令和5年3月25日支払分）の残業代を請求する。

① 対象となる賃金の振り分け

まず、月給23万5000円のうち、基本給20万円が基礎賃金の計算に含まれることに問題はありません。

各手当については、通勤手当は、距離に応じて段階的に支給されているため、除外されます。住宅手当は、住宅費用の形態ごとに一定額が支給されているため除外されません。「皆勤手当」は、労働日数に着目して支給されているため、「通常の労働時間又は通常の労働日の賃金」に該当し、除外されません。したがって、基礎賃金の算出対象となる賃金は、22万5000円となります。

〈計算式〉

20万円（基本給）＋2万円（住宅手当）＋5000円（皆勤手当）
　　＝22万5000円

② 月平均所定労働時間数の算出

次に、本件の賃金は「月によって定められた賃金」であるため、月平均所定労働時間数を算出します。月平均所定労働時間数を算出するには、まず年間所定休日数を算出する必要があります。算出の際には、各年のカレンダーが閲覧できるウェブサイト等を利用すると便利

です。参考として、令和2年～令和5年（始期と終期は、1月1日～12月31日）の土・日・祝日の合計数は**図表1-1**のとおりです。

図表1-1　令和2年～令和5年の土日祝日数

	令和2年	令和3年	令和4年	令和5年
土	52日	52日	53日	52日
日	52日	52日	52日	53日
祝日※	16日	15日	15日	13日
合計（重複除く）	120日	119日	120日	118日

※土・日と重なっている祝日は除く。

　本件の所定休日は、【土曜、日曜、国民の祝日、夏季休暇5日、12月30日～1月3日】とされていますので、1年間の日数からこれらを差し引いて年間所定休日数を算出します。なお、12月30日～1月3日のうち、祝日（元旦）及び土日については重複に注意します。

　したがって、本件における令和2年～令和5年の月平均所定労働時間数は、以下のとおりです（夏季休暇は土・日・祝日と重複しない日に取得したと仮定しています）。

〈計算式（小数点第3位以下切り捨て）〉

　令和2年：（366日－129日）×7時間÷12か月＝138.25時間

　令和3年：（365日－126日）×7時間÷12か月＝139.42時間

　令和4年：（365日－127日）×7時間÷12か月＝138.83時間

　令和5年：（365日－124日）×7時間÷12か月＝140.58時間

③　時間単価の算出

　したがって、時間単価は、以下のとおりとなります。

〈計算式（小数点以下切り捨て）〉

　令和2年：22万5000円÷138.25時間＝1627円

　令和3年：22万5000円÷139.42時間＝1613円

　令和4年：22万5000円÷138.83時間＝1620円

　令和5年：22万5000円÷140.58時間＝1600円

実労働時間を確定させる

・残業した時間 ＝ 実労働時間 － 所定労働時間
・実労働時間の立証方法を確認する。
・実労働時間に当たるかどうかを判断する。

（1）実労働時間の意味

　賃金の支払い対象となる労働時間は、労基法上の労働時間であり、「実労働時間」と呼ばれています。残業した時間は、実労働時間から所定労働時間を差し引くことで求められます。つまり、残業した時間を算出するには、実労働時間を確定させる必要があります。

　判例は、実労働時間について、「労基法上の労働時間とは、労働者が使用者の指揮命令下に置かれている時間をいう」と定義しています（三菱重工業長崎造船所（一次訴訟・会社側上告）事件・最判平成12・3・9民集54巻3号801頁）。

　なお、通達（昭和63・3・14基発150号）は、1か月における時間外労働、休日労働及び深夜業の各々の時間数の合計に1時間未満の端数がある場合には、30分未満の端数を切り捨て、それ以上を1時間に切り上げることは労基法違反として取り扱わない旨通知していますが、労基法が労働者にとって不利な労働条件を強行的に禁止していることや、技術の発展によって端数計算も事務的に煩雑とまで言えなく

なった今日では、この通達の方法は違法といえます（水町674頁）。したがって、法律上はあくまで残業代は1分単位で発生し、訴訟においても1分単位で請求します（原告が実労働時間のうち1分単位を切り捨てて残業代を計算することは自由ですが、切り上げは労働契約上の根拠がなければ認められません）。

（2）法改正による影響

実労働時間の立証責任は労働者側にあります。他方で、使用者には労働時間適正把握の義務があり、これは平成30年のいわゆる「働き方改革」による法改正によって、法律上の義務となりました（労安法66条の8の3）。この義務に基づき、使用者はタイムカードなど客観的な方法で労働者の労働時間の状況を把握し、その資料については3年間の保存義務があります（労安則52条の7の3）。ここで把握される労働時間は必ずしも労基法上の労働時間と同義ではありませんが、（3）に述べる実労働時間の立証のための資料として、十分に「使える」ものがあると考えられます。同条は罰則はありませんが、違反すれば行政指導がありますので、実労働時間の立証資料を検討するときには、念頭に置いておくべき情報となります。

（3）実労働時間の立証

実労働時間の立証をするにあたり、様々な試みがこれまでなされ、多くの裁判例が蓄積されています。

もっとも、モデルケースのタイムカードのように、それ自体で就労の始期と終期を示す資料があれば、特段の事情がない限り、タイムカードの記載する時刻をもって出勤・退勤の時刻と推認することができるといえます。しかし、このような資料がない職場で就労する労働者においては、実労働時間の立証は必ずしも容易ではありません。

これまでに蓄積された裁判例を眺めると、実労働時間の立証のために様々な資料が用いられ、ある事例では採用され、ある事例では一顧

だにされないなど、ケースバイケースの取扱いがなされています。た
だ、多くの裁判例からわかることは、実労働時間の立証資料として
は、客観性、要するに信用度が第一のカギとなる点です。

　以下、考え得る立証資料について検討を加えます（なお、以下、挙
げる裁判例には過労死・過労自死事案が多くありますが、労働時間立
証にいかなる資料を用いることができるかという観点から、一つの例
として積極的に取り上げていきます）。

① **タイムカード**

　実労働時間を立証する資料の典型例がタイムカードです。

　使用者は労働者の安全配慮及び賃金算定義務の関係上、実労働時間
を把握する義務があり、そのための資料（タイムカードなど）を最低
5 年間保存しておく義務があります（労基法 109 条、平成 13・4・6
基発 339 号。ただし、「当分の間」は 3 年間とされています。同附則
143 条 1 項）。

　残業代を請求する期間のうち、タイムカードが存在しない期間があ
る場合は、前後の期間のタイムカードから平均を算出して請求するこ
とも考えられます。なお、その期間がごく短期間の場合には、争点を
減らして迅速に審理してもらうために、あえて当該期間については残
業代を請求しないという方法も検討しましょう。

　訴訟においては、使用者側が、タイムカードは職員の出退勤を管理
しているに過ぎず、実労働時間を反映していない等の主張をすること
があります。一部の裁判例では、この主張が認められ、タイムカード
が労働時間の認定に用いられなかったものもあります。たとえば、ヒ
ロセ電機（残業代等請求）事件（東京地判平成 25・5・22 労判 1095
号 63 頁）は、建物の入口に設置された入退館記録表（タイムカード
と記載されているもの）に入退館時刻の打刻を義務づけていました
が、警備・安全上の目的のものとして否定されました。オリエンタル
モーター（割増賃金）事件（東京高判平成 25・11・21 労判 1086 号
52 頁）も、IC カードの入退館時間について施設管理のものであると

して労働時間ではないとして否定されました。

　しかし、多くの裁判例では、タイムカードの証拠としての価値を高く認めており、特段の事情がない限り、タイムカードの記載する時刻をもって出勤・退勤の時刻と推認することができ、タイムカードの記載時刻に従って時間外労働時間を算定するのが合理的であるとされています（千里山生活協同組合事件・大阪地判平成 11・5・31 労判 772 号 60 頁。日本コンベンションサービス（割増賃金請求）事件・大阪高判平成 12・6・3 労判 792 号 103 頁）。

　タイムカードによる時間管理に違いがあるケースでは、労働者側としては、タイムカードの設置目的や運用状況、実際に労働者がタイムカードを打刻していた具体的状況を記載し、タイムカードの記載時刻と実際の労働時間に大きな離齬がないことを主張することになります。

② 労働時間管理ソフト

　パソコンや IT 環境の普及により、使用者の労働時間管理の方法が、タイムカードではなく、パソコンソフトなどを用いて行われる場合が増えてきました。この場合、タイムカードの代替と考え、記録された時間については、客観性があるものと考えてよいでしょう。

　もっとも、時刻を自分で入力するもの、パソコンの起動とともに時刻が自動的に入力されるもの、パソコンを起動しソフトを開いて所定の動作をした時刻が入力されるもの等、ソフトによって異なる仕様となっているので、いかなる時刻が入力されているか、必ず確認すべきです。

　また、上司が労働者の入力時刻を承認する仕様のソフトもあり、その場合、承認されていれば客観性の高い資料となります。他方、そのような仕様でないとしても、時間管理ソフトを用いている場合、使用者は労働者の労働時間をいつでも確認できるのですから、その中で異議等を述べていないのであれば、やはり客観性はあるものと考えられます。

証拠の確保としては、プリントアウトもしくはデータを別メディアに保存することが一番ですが、中にはプリントアウトや保存できない仕様のものもあります。その場合は、画面のスクリーンショットを撮って保存するか、最終手段としてはパソコン画面ごとカメラ撮影する方法も考えられます。

③　警備のための入退館記録

　労働者の勤務する職場が、複数の企業が入っているビルであったり、セキュリティのために警備会社に警備を委託しているような場合、ビルや事務所の入退館（入退室）を記録している場合があります。この場合、当該労働者の入退館時刻が明らかになる資料があれば、客観性の高い実労働時間立証の資料となり得ます。

　入退館記録といっても、入退館時刻を手書きで帳面に記載するような場合やICカードのように電磁的記録として記録するような場合など様々です。いずれの場合でも、これらの資料に記録された時刻が、当該労働者の入退館時刻であることは別途立証する必要があります。たとえば、ICカードを各労働者が1枚ずつ持つような場合は、特定は容易でしょう。しかし、そうでない場合は、必ずしも特定が容易ではない場合もあるので、他の資料と併用しながら立証していく必要があります。

　裁判例では、過労自死の事案における労働時間の認定資料に用いている例（みずほトラストシステムズ（うつ病自殺）事件・東京高判平成20・7・1労判969号20頁）、過労死事案で「時間外入退館記録簿」で労働時間を認定している例（立川労基署長（東京海上火災保険）事件・東京地判平成15・10・22労判866号71頁）、過労自死事案で「勤務状況報告表から算出される平均勤務終了時刻と、監理員巡察実施報告書上の退館時刻との差は、実際には、基本的に、残業に充てられていたものと認めるのが相当」として認めた例などがあります（電通事件・東京地判平成8・3・28労判692号13頁）。

　入手方法としては、警備会社やビルの管理者に任意での開示を求め

たり、弁護士会照会を用いたり、証拠保全手続を用いるなどします。提訴後に、文書送付嘱託などによって証拠資料とすることもあり得ます。ただし、注意すべきは、こうした記録は一定期間が経過すると消去されている場合もある点です。ですので、可能な限り速やかな確保が求められます。

④　パソコンのログイン・ログアウト時間

　パソコンを使って業務にあたる労働者の場合は、その労働者が使用していたパソコンのログイン・ログオフ時刻によって、実労働時間を立証できる場合があります。注意すべき点は、当該パソコンがノートパソコンで自宅に持ち帰ることができる場合は、職場内で就労していたことは直ちには立証されませんので、パソコン起動時間中に労働をしていたことを他の資料などから立証する必要があります。また、証拠を確保するためにログイン・ログオフの記録を取るにしても、ある程度のパソコン操作の知識が必要であることや、退職後にこの記録を入手することが困難である点等も注意が必要です。

　裁判例では、パソコンの「立ち上げ時刻」と「立ち下げ時刻」から始業時刻と終業時刻を推認した PE&HR 事件（東京地判平成 18・11・10 労判 931 号 65 頁）、パソコンのシャットダウンログの時刻を終業時間とした結婚式場運営会社 A 事件（東京高判平成 31・3・28 労判 1204 号 31 頁）、パソコンのログ記録を労働時間認定の一つの資料とした事案（過労死事件）としてマツダ（うつ病自殺）事件（神戸地裁姫路支判平成 23・2・28 労判 1026 号 64 頁）と国・中央労基署長（日本トランスシティ）事件（名古屋地判平成 21・5・28 労判 1003 号 74 頁）があります。また、パソコンのログイン・ログオフ記録に言及したものとして、河野臨床医学研究所事件（東京地判平成 23・7・26 労判 1037 号 59 頁）もあります。

⑤　電子メールの送信時刻

　電子メールの送信時刻も実労働時間の立証に用いることができます（前掲結婚式場運営会社 A 事件、ゲートウェイ 21 事件・東京地判平

成 20 年 9 月 30 日労判 977 号 74 頁）。ただし、電子メールを職場内の
パソコンからしか送信できない場合は問題ありませんが、職場外から
送信できる場合には、送信時刻のみでは実労働時間の立証とはなりま
せん。別途、職場内から送信した事実や、職場外であれば当該メール
の送信に至るまで就労していたことやその時間を立証する必要があり
ます。

　また、メールの内容も問題とされることもあります。業務に関する
メールであれば、メールの内容と相まって、信用性の高い資料となる
こともありますが、業務と無関係なメールの場合は逆効果です。

⑥　SNS（ソーシャルネットワークサービス）の記録

　近年では、業務等に SNS を用いる例が多くなり、これらの時刻を
もって労働時間を立証できる可能性もあります。たとえば、LINE で
グループが作成され、その中で、業務の開始や終了等を報告している
場合が見受けられます。同様に、Messenger、Slack などでも同じこ
とがいえます。これらの場合、そこに記される時間は客観性が高いも
のといえますので、労働時間立証の有力な資料となる可能性もありま
す。

　注意点としては、会社を退職したり、解雇されたりすると、アカウ
ントがロックされたり、会社から支給されたパソコンやスマートフォ
ンを返還せねばならず、これらの記録を閲覧できなくなることがある
点です。また、退職等によってグループから排除され閲覧できなくな
ることもあります。そのため、証拠資料として使うためには、こうし
た資料・記録は在職中に確保しておくことが求められます。

⑦　タコグラフ

　タクシー運転手をはじめとする自動車運転を業とする労働者の場
合、タコグラフ（タコメーター）は客観性の高い記録となります。こ
れは、時計・速度計・走行距離計を組み合わせ自動的に運行の記録を
残していくものです。裁判例上はタコメーターという言葉で出てくる
ことが多いですが、タコグラフが正しい呼称です。このタコグラフを

分析すれば、当該労働者の運転している自動車の運行記録がわかり、労働者の労働時間の一部が客観的に明らかになります。

近年は、デジタル化が進んでいるためタコグラフの入手を労働者が行うことは難しい場合も多いですが、できればデータの形で確保しておきたいところです。それが無理だとしても、証拠保全や訴訟手続の中で使用者に出させる努力が必要となります。

また、最近は、タクシーなどに車内カメラを搭載している場合もあり、これも労働時間の立証に資する場合があるので、併せてデータ等の確保に努めるべきです。

裁判例としては、「タコメーター」を元に労働者が作成した「時間表」に信用性があるとして労働者が主張する労働時間を一部認容した大虎運輸事件（大阪地判平成18・6・15労判924号72頁）など、タコグラフを元に労働時間を認定した例は多数あります。

⑧　給与明細書

給与明細書に総労働時間が記載されていたり、所定外労働時間数の合計などが記載されている場合があります。

この場合、一日一日の始業時刻・終業時刻まではわかりませんが、総労働時間等の記載から残業時間を推計することはできます。

また、このような総労働時間数を給与明細書に記載するということは、使用者において労働者の労働時間を管理していたことを示すものであり、その原資料を出させる手掛かりにもなります。

裁判例としては、日々の労働時間の立証はないものの給与明細書に記載された総労働時間が労基法上の労働時間を超えていることから時間外労働を推認し、月間法定労働時間を超える労働に対する割増賃金の請求を認めたエスエイロジテム（時間外割増賃金）事件（東京地判平成12・11・24労判802号45頁）があります。

⑨　開店・閉店時刻

飲食店、理容室、美容室などが典型例ですが、それ以外にも、店舗営業をしている職場で働く労働者の場合、当該店舗の開店時刻と閉店

時刻も、実労働時間の立証に役立つことがあります。ここで注意すべき点は、開店から閉店まで当該労働者が勤務しているという前提が必要ですので、シフト制などの場合は別途その前提を立証する必要があります。シフト自体で開店から閉店までいなければならないとされている場合は、シフト表なども併せて立証資料とすべきでしょう。

　裁判例としては、喫茶店に1人で勤務していた場合の実労働時間は開・閉店時刻を基準とするものとした三栄珈琲事件（大阪地判平成3・2・26労判586号80頁）があります。営業開始時刻を労務提供開始時刻とし、終業時刻をレジ締め時刻から15分後として認定したトムの庭事件（東京地判平成21・4・16労判985号42頁）、終業時刻を閉店時刻後としたトップ（カレーハウスココ壱番屋店長）事件（大阪地判平成19・10・25労判953号27頁）、閉店後、後片付けにかかるであろう時間として2時間を認定したココロプロジェクト事件（東京地判平成23・3・23労判1029号18頁）などがあります。

⑩　シフト表

　シフト制で労働者が勤務することは、店舗営業などではよくみられます。そのような場合、シフト表も前項の開店・閉店時刻と同様に、実労働時間の立証に役立つことがあります。シフト表で指定された労働時間が既に残業代を発生させるような場合は重要な証拠となります。他方、シフトで指定された労働時間に加えて残業（所定外（シフト外）労働）したことで残業代が発生しているような場合は、一つの手掛かりに過ぎません。この場合、別途シフト外で労働したことの立証が必要です。

　シフト表を用いて、労働時間を認定した裁判例ではセントラル・パーク事件（岡山地判平成19・3・27労判941号23頁）、前掲トップ（カレーハウスココ壱番屋店長）事件（始業時刻を「勤務リスト」で認定）があります。

⑪　日報・週報等

　自己申告制で日報等を提出させ、そこに就労時間を記載させること

によって、労働時間を管理している使用者もいます。この場合、日報等に記載された時刻も労働時間の立証に役立ちます。上司などがこの報告書を承認している事情があれば客観性は高まるといえるでしょう。ただし、裁判の場では、使用者から、これは労働者が勝手に記載した時刻であり客観性がないと争われることもあります。その場合は、日報等に記載された時刻に対し使用者が異議を述べていないことや、他の客観資料との整合性をもって反論することになります。

逆に、労働者が日報等に本来の労働時間より遅い始業時刻や早い終業時刻を記載してしまう場合もあります。この場合は、実際は日報等に記載された時間より長く働いていたことの立証が必要となります。

日報等に関する裁判例では、「運転日報」を資料として、タクシー運転手の実働時間を算定した郡山交通事件（最判平成2・6・5労判584号30頁、大阪高判昭和63・9・20労判546号61頁）があります。また、「作業時間集計表」に記載された作業時間が実際の労働時間を反映したものであると認定した技研製作所ほか1社事件（東京地判平成15・5・19労判852号86頁）もあります。その他、上司が確認している「整理簿」に記載された時刻から認定したピーエムコンサルタント事件（大阪地判平成17・10・6労判907号5頁）、出退勤表から認定したオフィスティン事件（大阪地判平成19・11・29労判956号16頁）、従業員の申告を元に作成される「就勤実績表」を基礎に認定した東京シーエスピー事件（東京地判平成22・2・2労判1005号60頁）があります。

⑫　労働者のメモ

時間管理をまともに行っていない使用者の下で就労する労働者が、自己の労働時間を手帳等にメモする場合があります。このメモをもって実労働時間の立証に用いることが可能かという問題がありますが、積極的に用いられている例もあります。

メモの場合は、その信用性が高いことをいかに立証するかがカギとなります。たとえば、メモの記載と合致する他の客観的資料の存在、

メモの作成時期（後日思い出して作成したものなのか、日々作成しているものなのか）、メモを取るようになった事情、動機など、総合的に判断されます。

メモを元に労働時間を認めた裁判例として、東久商事事件（大阪地判平成10・12・25労経速1702号6頁）があります。同事件は、「原告が退職後に作成した〔書証＝メモ〕のみであって、正確な時間を認定するに足りる客観的な証拠は存在しない。」としつつ、「そもそも、正確な労働時間数が不明であるのは、出退勤を管理していなかった被告会社の責任であるともいえるのであるから、正確な残業時間が不明であるからといって原告の時間外割増賃金の請求を棄却するのは相当でない。」とし、メモを元に実労働時間を算定しています。

また、手帳に勤務時間を記載していたとして同記載の時刻における労働時間を主張したHSBCサービシーズ・ジャパン・リミテッド（賃金等請求）事件（東京地判平成23・12・27労判1044号5頁）があります。同事件では、労働者の手帳の記載は、Suica利用明細及びオフィスの入退室記録により信用性が補強されるとされ、その限度で手帳記載のとおりの労働時間が認定されています。

ほかにも、労働者が付けていた「ダイアリー」は、「その記載の目的が作業日報に労働時間を記載するためであったこと、必ずしも毎日作成されてはいないものの、少なくとも数日ごとに作成されていること、その労働時間についての記載も証拠により裏付けられていることから、その記載につき信用性がないとはいえない」とした、かんでんエンジニアリング事件（大阪地判平成16・10・22労経速1896号3頁）があります。

さらに、予定表やスケジュール表の記載と併せて、労働者が手帳に記載していた内容も踏まえ、従事した業務ごとに労働時間を認定したエアースタジオ事件（東京高判令和2・9・3労判1236号35頁）もあります。

いずれも、単にメモがあればいいとはされていない点に注意を要し

ます。

⑬　証拠資料が一部期間ない場合

　残業代を請求する期間全てに証拠資料がなく、一部期間のみ資料が
ある場合、資料がない期間について、実労働時間を認定できるかとい
う問題があります。

　資料がある期間の実労働時間の立証に成功し、その期間からすれ
ば、資料がない期間についても推認という形で実労働時間が認定され
るケースがあります。ただし、単に資料がある期間の立証が成功して
いるだけでは足りず、それを超えて、証拠がない期間にも、立証が成
功した期間と同様の労働実態があったとの事実を認定させる必要があ
ります。

　裁判例としては、タイムカードのない部分についても時間外労働を
行ったことは確実であるとして、労働者の主張する時間外労働時間の
2分の1と推計した日本コンベンションサービス（割増賃金請求）事
件（大阪高判平成 12・6・30 労判 792 号 103 頁）、労働者の手帳の記
載の有無にかかわらず始業時刻を認定した京都銀行事件（大阪高判平
成 13・6・28 労判 811 号 5 頁）があります。また、トラック運転手ら
が立証可能な 6 か月における割増賃金を 4 倍して、2 年分の残業代を
請求した事案で、裁判所は、「原告らの業務内容、配送先などに（マ
マ）自体に大きな変化はないことが窺え（弁論の全趣旨）、総労働時
間、時間外労働、休日労働の各時間は、基本的に給与の支給額に比例
すると考えられる。」とし、6 か月における給与支給額と割増賃金の
比率の最低の比率を他の期間に用いて、「他の期間における割増賃金
を推定」した大虎運輸事件（大阪地判平成 18・6・15 労判 924 号 72
頁）があります。

⑭　証拠資料がない場合

　使用者側に資料があるのに使用者がこれを出さないために証拠がな
い、という状況となる場合もあります。

　この場合、形式的に考えると証拠資料がないので立証できないとい

うことになりそうですが、使用者が合理的な理由なく、本来、容易に
提出できるはずの労働時間管理に関する資料を提出しないときなど
は、公平の観点に照らし「合理的な推計方法」によって労働時間を算
定することを許した裁判例もあります（スタジオツインク事件・東京
地判平成23・10・25労判1041号62頁）。

　ほかに、終業時刻を裏付ける証拠はないものの、概括的に時間外労
働時間を推認したものとしてゴムノイナキ事件（大阪高判平成17・
12・1労判933号69頁）、従事した業務の内容に基づいて労働時間を
認定したエアースタジオ事件（東京高判令和2・9・3労判1236号35
頁）があります。

　また、タイムカード等の機械的手段によって労働時間の管理をして
いるのに、正当な理由なく労働者にタイムカード等の打刻をさせな
かったり、使用者には労働者からタイムカード等の開示を求められた
場合には特段の事情がない限り開示義務があるのにこれを拒否するよ
うな場合には、当該行為は不法行為に該当するとして、慰謝料として
10万円の支払いを命じた医療法人大生会事件（大阪地判平成22・7・
15労判1014号35頁）も参考になります。

（4）実労働時間に当たるか問題となるケース

　労働時間に当たるかどうかは、労働者が使用者の指揮命令下に置か
れている時間といえるか否かによって判断されます。しかし、実際の
区別は容易でないものもあり、これが争点となることは少なくありま
せん。

　労働時間といえるか否かが問題となる代表的な例として、以下のも
のがあります。

①　準備作業・後始末作業時間

　本来業務開始前に作業服や保護具の着用、朝礼、体操等の準備作業
を行わせたり、本来業務終了後に機械・工具の点検、清掃、作業服や
保護具の着替え、引き継ぎ等の後始末作業を行わせたりする場合があ

ります。

　これらの準備作業、または後始末作業等に要した時間については、これが業務上（黙示の場合も含む）ないし法律（労安法等）上義務付けられており、または使用者の指揮命令による場合に、労働者が使用者の指揮命令下に置かれているといえるので、実労働時間となります。

　これらの作業を行わない場合にペナルティーが科されるなど事実上強制されている場合には業務上義務付けられているものとして労働時間となり、ペナルティーが科されておらず行うか否かの判断が自由とされている場合には労働時間に当たりません。

　労働時間と認められた例として、作業服・保護具の始業時刻前の装着及び終業時刻後の脱離（三菱重工長崎造船（一次訴訟・会社側上告）事件・最判平成 12・3・9 民集 54 巻 3 号 801 頁）、制服の着用、始業前の点呼（東急電鉄事件・東京地判平成 14・2・28 労判 824 号 5 頁）、始業前の金庫開扉作業（京都銀行事件・大阪高判平成 13・6・28 労判 811 号 5 頁）などがあります。

　労働時間と認められなかった例として、使用者から義務付けられておらず、また社会通念上、これをしなければ通勤が著しく困難とはいえない洗身・入浴（前掲三菱重工長崎造船事件）、強制でないミーティング（あぞの建設事件・大阪地判平成 6・7・1 労判 657 号 55 頁）などがあります。

　準備作業や後始末作業を労働時間であると主張する場合は、これらの作業の本来業務との関連性の程度、明示または黙示の指示の有無、法令や就業規則等法的根拠の存否など、当該作業が使用者の指揮命令の下に行われていると考えられる事実関係をできるだけ聴取しておく必要があります。

② 　待機時間

　待機時間（手待時間）は、使用者の指示があれば直ちに作業に従事しなければならず、使用者の指揮命令下に置かれた時間に当たり、労働時間です。たとえば、工場労働者が次の作業を行うまで待機した

り、店員が客の来店まで待機したりする場合です。この場合は、労働者が具体的な作業に従事していなくても、使用者の指示があれば直ちに作業に従事しなければなりませんので、労働時間となります。

裁判例では、コピーライターの作業と作業の合間の時間について、パソコンで遊ぶことがあったとしても、広告代理店の指示があれば直ちに作業に従事しなければならず、労働時間であると認定した山本デザイン事務所事件（東京地判平成19・6・15労判944号42頁）、タクシーが客待ちしている時間を労働時間であるとしたものとして中央タクシー（未払賃金）事件（大分地判平成23・11・30労判1043号54頁）、ドライバーが入庫待ちで停車しているが、トラックから離れられない時間を労働時間とした田口運送事件（横浜地裁相模原支判平成26・4・24労判1178号86頁）があります。

休憩時間とされている時間に来客当番とされた場合なども同様です（昭和23・4・7基収1196号）。

待機時間（手待時間）を労働時間として主張する場合は、できるだけ具体的状況を明らかにし、当該時間においては、具体的作業に従事していなくとも、労働から完全に解放されたわけでなく、使用者の指揮命令下にあるという事実関係を、積極的に主張する必要があります。

③　仮眠時間（不活動時間）

警備員や看護師など宿直を伴う業務には、仮眠時間が設けられている場合があります。

この仮眠時間中に必要に応じて実作業に従事しなければならないとされている場合は、労働契約上の役務の提供が義務付けられていると評価され、労働からの完全な解放が保障されている（労働義務が全くない）とはいえませんので、労働時間に当たります。このような場合は、仮眠時間中も労働者は使用者の指揮命令下に置かれているものといえるからです（大星ビル事件・最判平成14・2・28労判822号5頁など）。

もっとも、複数体制で宿直し、1人は仮眠中はパジャマに着替え、仮眠室では警報音が鳴らず、不審者対応等は仮眠者を起こさずもう1人の待機者が対応していたことから、実作業への従事の必要が生じることが皆無に等しいなど実質的に相応の対応をすべき義務付けがされていないとして、仮眠時間を労働時間と認めなかった事案もあります（ビル代行（宿直勤務）事件・東京高判平成17・7・20労判899号13頁）。

　他方、商業施設店舗の常駐警備の任にあたる労働者の仮眠時間の労働時間性が争点となったイオンディライトセキュリティ事件（千葉地判平成29・5・17労判1161号5頁）は、1名体制であることや、発報時に即応が義務付けられていたこと、仮眠場所が警備員控室とされていたこと、仮眠時間中も防災センターから離れることが許されていなかったこと、実際に8か月の間に4回緊急対応があったことなどから、仮眠時間の労働時間制を肯定しています。

　これらの事案は、仮眠中の労働者が使用者の指揮命令下にあったか否かについて、勤務体制等の事実関係から判断し、結論が相違しています。仮眠時間を労働時間として主張する場合は、労働から完全に解放されているかどうかという観点から詳細な事実関係を主張すべきことになります。

④　住み込みのマンション管理人の労働時間

　住み込みのマンション管理人は、所定労働時間中に居室での滞留も認められつつ、所定労働時間中はもちろん所定労働時間外にも住人等への対応が義務付けられているほか、所定労働時間の前後にも照明の点消灯や扉の開閉などが求められ、土日・祝日においても一定の業務を行うことが求められている場合があります。

　これらの時間が労働時間に当たるか否かは難しい問題ですが、使用者からの指示の内容、労働者の業務従事の実態及びこれに対する使用者の認識の有無等を考慮して、労働者が使用者の指揮命令下に置かれていたか否かを判断することになります。

判例では、①平日については、使用者が管理人に対し所定労働時間外においてもゴミ置き場の扉の開閉等に従事すべき旨を指示し、午前7時から午後10時まで管理員室の照明を点灯しておくよう指示しており、管理人がその間住民等からの要望に随時対応せざるを得ず、使用者も業務報告を受けてこれを認識していたことなどを認定し、平日の午前7時から午後10時まで（正午からの1時間の休憩時間及び管理人が現実に病院へ通院し、犬を散歩していた時間を除く）を労働時間と認め、②土曜日の労働時間については、平日と同様としつつ、1日の業務量が1人では処理できないものではなかったとして2人のうち1人についてのみ午前7時から午後10時まで（正午からの1時間の休憩時間を除く）を労働時間と認め、③日曜日・祝日については、使用者は管理員室の照明の点消灯及びゴミ置き場の扉の開閉以外には業務を行うべきことは指示していなかったとして、使用者が明示または黙示に指示したと認められる業務に現実に従事した時間に限り労働時間であると認めた事案があります（大林ファシリティーズ事件・最判平成19・10・19労判946号31頁）。住み込みの管理人の残業代請求事件を受任する場合は必ず参照しましょう。

⑤　移動時間

（ⅰ）通勤時間

　通勤時間は、労務を提供するという労働者の債務を履行するための準備行為に過ぎないため、労働時間とは認められません（高栄建設事件・東京地判平成10・11・16労判758号63頁など）。

　また、事業所が広大でその入り口から業務に従事すべきとされる作業場所の距離が離れているなど、所定労働時間前後の事業所内での移動時間は、使用者の指揮命令下に置かれたものと評価することができず、労働時間には当たらないとした判例があります（三菱重工長崎造船事件・最判平成12・3・9労判778号8頁）。

　通勤時間に該当するとなると労働時間とは認められないので、注意が必要です。

（ⅱ）その他の移動時間

他方、いったん出勤したといえれば、その後の移動時間は指揮命令下にあるといえ、労働時間となります。裁判例では、事務所への出勤後に現場へ移動することが使用者の指示によるものとして、その移動時間を労働時間と認めた総設事件（東京地判平成20・2・22労判966号51頁）があります。

また、過労自死による損害賠償請求の事案ですが、上司とともに移動する時間を労働時間と認めた池一菜果園ほか事件（高知地判令和2・2・28労判1225号25頁）があります。

また、物の運搬そのものが目的であったり、物品の管理や監視が必要であるなど、移動自体に業務性がある場合は、移動時間も労働時間となります（白石67頁）。裁判例としては、ロア・アドバタイジング事件（東京地判平成24・7・27労判1059号26頁）があります。

なお、移動時間については、労働基準法研究会第二部会が次のような提言をしています（昭和59（1984）年8月28日）。

1　始業前、終業後の移動時間は、
　ア：作業場所が通勤距離内にある場合は、労働時間として取り扱わない
　イ：作業場所が通勤距離を著しく超えた場所にある場合は、通勤時間を
　　　差し引いた残りの時間を労働時間として取り扱う。
2　労働時間の途中にある移動時間は労働時間として取り扱う。

（ⅲ）直行・直帰

直行・直帰については、上記の労働基準法研究会第二部会の提言1を参考にすれば、基本的には実作業に従事している時間を労働時間として扱い、実作業に従事する場所が通勤距離を著しく超えた場所にある場合は通勤時間を差し引いた残りの時間を労働時間として取り扱うことも考えられます。

なお、争点の拡散を避けるために、直行・直帰は、所定労働時間労働したものとして取り扱うということも考えられます。

⑥　出張

（ⅰ）日帰り出張

　出張の際、実作業に従事している時間が労働時間であることはもちろんですが、日帰り出張における自宅から実勤務地へ、及び実勤務地から自宅までの移動時間については直行・直帰の場合と同様に考えられます。

　出張先まで（または出張先から）の移動時間はかなり自由度が高い場合もありますが、使用者の指示により移動しており、場所的にも拘束されていますし、移動時間中に報告書を作成するなど実作業を行うことも少なくないので、使用者の指揮命令下に置かれたものと評価することができます。移動時間中に実作業を行っていた場合には、必ずこれを主張するようにしましょう。前記の労働基準法研究会第二部会の提言１イを参考にすることも一つの考え方です。

　なお、日帰り出張についても、争点の拡散を避けるために、所定労働時間労働したものとして扱うことも考えられます。実作業従事時間、実勤務地への移動時間と通常勤務地への移動時間との比較などから、主張すべきかを検討することになります。

（ⅱ）泊まり出張

　泊まり出張についても、日帰り出張の場合と同様に考えられます（島根県教組事件・松江地判昭和47・4・10労判127号35頁）。

　泊まり出張特有の問題として、出張にあたって休日に移動のみがあった場合の移動時間の労働時間性の問題があります。この点、「旅行中における物品の監視等別段の指示がある場合の外は休日労働として扱わなくても差し支えない。」という通達（昭和23・3・17基発461号、昭和33・2・13基発90号）があり、これと同様に考える裁判例（東葉産業事件・東京地判平成元・11・20労判551号6頁など）もあります。しかし、平日の移動時間を通常労働時間と認めるべきこととのバランスから、少なくとも、休日に移動するよう指示があり、または休日に移動しなければ指示された実作業に従事することができ

ない場合には、別段の指示があったものとして労働時間と評価すべき
でしょう。

　宿泊自体については、使用者の指揮命令下に置かれているとはいえ
ず、例外的に宿泊中も業務遂行が指示されているなどの場合を除い
て、労働時間とは認められないでしょう。もっとも、宿泊場所が事実
上の就業場所となっており、具体的な指示があれば作業に従事しなけ
ればならない待機時間（手待時間）と評価できる場合には、例外的に
業務遂行が指示されているものとして労働時間と認められるべきで
す。

⑦　持ち帰り残業・テレワーク（在宅労働）

　仕事を自宅に持ち帰って行う場合であっても、これについて使用者
からの明示または黙示の指示があれば労働時間と認められます。近
年、コロナ禍の中で急速に進んだテレワーク（在宅労働）において、
この論点は注目を浴びています。

　裁判所の従来の考え方としては、使用者の指揮監督が及ばない労働
者の私的な生活の場である家庭で行われる持ち帰り残業は、指揮命令
下の労働時間に該当しないとし、使用者から持ち帰り残業を命じられ
ても労働者がこれに応じる義務はないから、持ち帰り残業が労働時間
と認められるのは、使用者からの業務の遂行を指示されてこれを承諾
し、私生活上の行為と峻別して労務を提供して当該業務を処理したよ
うな例外的な場合に限られるとして、労働時間該当性のハードルを高
く設定するものでした（白石66頁、類型別Ⅰ159頁）。

　しかし、労働者が所定労働時間外に業務に従事する時間について
は、まさに職務性が認められる時間であり、これを使用者が明示的に
命令・指示しているならば当然に、そうでなくとも労働者が持ち帰り
残業をしていると使用者が認識しつつ黙認・許容しているような場合
も、使用者の指示があるものとして、労基法上の労働時間に該当する
ものといえます（水町669頁）。

　実務的にも、使用者が自宅での業務遂行を労働者に命じた場合、こ

れを労働者が断ることは困難なことが多いものです。また、そもそも自宅で業務を行っている時間が「私生活上の行為」と峻別されているのは当然であって、あえてこれを求めて、労働時間該当性を「例外的」だということは、テレワークが浸透した今日においては意味のない要件設定といっていいでしょう。

また、持ち帰り残業については、単にパソコンのログ記録だけでは立証としては不十分であるとの指摘もありますが（類型別Ⅰ159頁）、厚労省の出している「テレワークにおける適切な労務管理のためのガイドライン」によれば、テレワークにおいても使用者は労働者の労働時間について把握義務を負うのですから、在宅労働中に把握した労働時間におかしな点があれば、指摘・是正等をしているはずであって、そうしたことがなく、把握した労働時間をその労働者の労働時間として受け入れているような場合は、あえて立証のハードルを上げることは相当とはいえません（仕事の質の問題と労働時間の問題こそ、峻別される必要があります）。また、そもそもこうしたガイドラインを無視して、労働時間を把握していない場合に、単にテレワークだということで、立証のハードルを上げるのも相当とはいえません。

この論点は実務的にはまだ未解明な点が多いので、従来の考え方に縛られずに主張・立証を組み立てて、新たな枠組みを作っていくつもりで取り組むことが必要です。

⑧　接待

営業担当者が顧客等の接待を行うことはよくあることですが、一般的には接待について業務との関連性が不明であることが多く、直ちに業務と認めることは困難な場合が多いでしょう。もっとも、接待への参加が命じられた場合には、労働者が使用者の指揮命令下に置かれている時間といえますので、労働時間と認めることができます。

なお、労災認定にあたって接待の業務遂行性を認めた事案として国・大阪中央労基署長（ノキア・ジャパン）事件（大阪地判平成23・10・26労判1043号67頁）等があります。

⑨ 健康診断

　使用者は、労働者の健康に配慮して労働者の従事する作業を適切に管理するよう努めなければならないとされ（労安法65条の3）、1年に1回の健康診断（一般健康診断）の実施義務が定められています（労安法66条）。

　この一般健康診断の時間については、「業務遂行との関連において行われるものではないので、その受診のために要した時間については、当然には事業者の負担すべきものではなく労使協議して定めるべきものであるが、労働者の健康の確保は、事業の円滑な運営の不可欠な条件であることを考えると、その受診に要した時間の賃金を事業者が支払うことが望ましい」とされています（昭和47・9・18基発602号）。

　他方、一定の有害業務に従事する（したことがある）労働者に対して行われる特殊健康診断（労安法66条2項）については、当然に労働時間とされています（昭和47・9・18基発602号）。

⑩ 研修等

　研修、訓練、社内昇進試験、資格試験の受験等については、それへの参加の自由が保障されているか否かによって労働時間性の判断が定まります。

　したがって、研修等への不参加にペナルティーが科されるなど、事実上参加が強制されている場合は労働時間となります。

　また、業務との関連性の強弱も労働時間性の判断の重要な要素となります。たとえば、業務遂行上研修への参加や資格の取得が不可欠な場合には、使用者の指揮命令によるものとして、労働時間となります。

　裁判例では、「勉強会」がその労働者の出席が前提となっており、賃金や賞与の査定にかかわるとして、その時間は労働時間に該当するとした前原鎔断事件（大阪地判令和2・3・3労判1233号47頁）があります。

4 割増率等を把握する

ポイント

- ・残業には、大きく分けて法内残業と法外残業がある。
- ・法外残業、休日労働、深夜労働の割増率を確認する。
- ・それぞれの手続について理解する。

(1) 法内残業、法外残業

　ここまで残業代の算出に必要な「時間単価」「残業した時間」の確定（実労働時間の把握）を行いました。次に、もう一つの要素である「割増率」を把握する必要があります。

　この割増率は残業した時間帯等によって異なります。

① 法内残業

　労働契約において、労基法32条で1日8時間・週40時間と規定している労働時間よりも短い所定労働時間が定められている場合、当該所定労働時間を超えて1日8時間・週40時間を超えない範囲の労働時間を「法内残業」といいます。

　たとえば、労働契約上の所定労働時間が午前9時から午後5時まで、休憩1時間とされている場合に、午後6時まで働いたとき、所定労働時間を1時間超過して働いていることになります。この1時間の労働時間は、所定労働時間外の労働ではありますが、労基法の基準内の労働ですので、法内残業となります。このような法内残業について

も、就業規則で割増率が定められている場合があるので、定めがある場合にはこれに従います。就業規則で割増率の定めがない場合でも、使用者は100%の時間賃金を支払う義務を有することになります。

◆法内残業の例

9:00		1時間		17:00	18:00
所定労働時間	休憩	所定労働時間	法内残業	法外残業

② 法外残業

1日8時間、週40時間の法定労働時間を超えて労働させた場合の労働については、法律上、時間外割増賃金支払義務が生じます（労基法37条）。これを「法外残業」といいます。法外残業についての割増率は、労働協約、就業規則で労基法の定めを上回る内容が規定されていればそれにより、そのような規定がない場合またはあっても労基法の定めを下回っている場合は、労基法の規定によることになります。労基法上の割増率については後述します。

法外残業について、注意すべき点は以下のとおりです。

（ⅰ）常時10人未満の労働者を使用する事業者の特例

保健衛生業や接客娯楽業等特定の事業のうち、常時10人未満の労働者を使用する事業所については、1日について8時間、1週について44時間まで労働させることができるとする特例があります（労基

図表 1-2　労基則 25 条の 2 第 1 項に規定されている業種

業種（大分類）	業種 （小分類）
商業	卸売業、小売業、理美容業、倉庫業、駐車場業、不動産管理業、出版業（印刷部門を除く）、その他の商業
映画・演劇業	映画の映写、演劇、その他興業の事業（映画製作・ビデオ製作の事業を除く）
保健衛生業	病院、診療所、保育園、老人ホーム等の社会福祉施設、浴場業（個室付き浴場業を除く）、その他の保健衛生業
接客娯楽業	旅館、飲食店、ゴルフ場、公園・遊園地、その他の接客娯楽業

則25条の2第1項、**図表1-2**参照）。したがって、このような事業所において、労働協約や就業規則等でこれを上回る内容が規定されていない場合は、月曜日から土曜日まで毎日8時間の労働をさせたケースでは、土曜日の4時間のみが法外残業となります。

（ⅱ）日をまたぐ連続勤務の場合

日をまたいで8時間を超える労働をさせた場合は、始業時刻の属する日の労働として計算することとされています（昭和63・1・1基発1号）。すなわち、X月Y日の午後6時から翌日の午前6時まで勤務した場合、X月Y日分の1勤務として扱われ、4時間が法外残業となります（休憩がなかったと仮定した場合）。なお、この場合、午後10時から午前5時までについては、深夜割増賃金（後述）の対象となります。

◆日をまたいだ残業の例

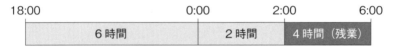

（ⅲ）複数事業所に勤務している場合

副業がある場合やパートを掛け持ちしている場合など、労働者が複数の事業所で勤務している場合、当該複数の事業所の労働時間が通算されます（労基法38条1項）。

この場合、どの事業主が割増賃金支払い義務を負うかという問題があります。この点、当該労働者と時間的に後で契約を締結した事業主が支払うべきとする見解（労基局労基法・上530頁）、1日のうちで後の方の時間帯において当該労働者を使用した事業主が支払うべきとする見解（昭和23・10・14基収2117号）等があります。

（ⅳ）遅刻の場合

労働者が始業時刻に遅刻して、かつ所定の終業時刻を超えて労働した場合、その日の労働が8時間を超えた分の労働につき、割増賃金が発生します。

たとえば、午前9時が所定始業時刻で、午後6時が所定終業時刻である職場において（休憩1時間）、2時間遅刻して、午前11時が始業となった労働者の場合、当該日に、所定終業時刻を超えて2時間残業した場合には、割増分の賃金は発生しません。ただし、割増ではない1.0に当たる賃金の支払義務は生じます（もっとも、ノーワークノーペイの原則から、賃金について2時間分の遅刻控除があるので、事実上相殺されることになります）。この2時間をさらに超えて残業した場合は、割増分も発生することになります。

◆遅刻の場合の残業の例

他方、日をまたいで遅刻分を残業に振り替えること（2時間遅刻した翌日に2時間残業するなど）は許されませんので、翌日以降に残業した場合は、当該残業については割増賃金が発生することとなります。

◆遅刻した日の翌日に残業した例

(2) 法定休日、法定外休日

① 法定休日

　使用者は、労働者に対し、毎週少なくとも1回の休日を与えなけれ

ばなりません（労基法35条1項）。例外として、4週間に4回の休日を与えることもできます（変形週休制。同法35条2項、労基則12条の2第2項）。この週1回の休日を法定休日と呼び、この日に労働させた場合は休日割増賃金（割増率については後述）が発生します。

　法定休日の労働が時間外労働に該当する場合であっても、休日割増賃金が発生するのみで時間外労働に対する割増賃金は発生しませんが（これは、労基法37条1項の「労働時間を延長し、又は休日に労働させた場合…割増賃金を支払わなければならない。」との文言上、時間外労働と休日労働が区別されていることが明らかだからです）、休日労働が深夜になされた場合には、休日割増賃金と深夜割増賃金の両者が発生します。

　法定休日の前日の勤務が延長されて法定休日に及んだ場合には、法定休日の日の午前0時から午後12時までの時間帯に労働した労働時間について、法定休日労働に対する割増賃金が発生します（平成6・5・31基発331号）。

◆勤務が法定休日に及んだ例

　また、法定休日の勤務が延長されて翌日に及んだ場合は、翌日以降は法定休日ではありませんので、法定休日労働に対する割増賃金は発生しません。

◆法定休日の勤務が翌日に及んだ例

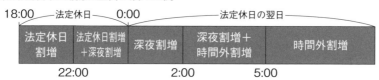

法定休日を何曜日とするかは、就業規則等の定めによることとなりますが、就業規則等で法定休日が定められていない場合も多くみられます。その場合は、週6日働いた後の1週間の最終日（起算日の定めがない場合は土曜日）が法定休日となります。

　ただし、「週休2日制の成り立ちにかんがみ、旧来からの休日である日曜日が法定休日であると解するのが一般的な社会通念に合致すると考えられる」として、土曜日と日曜日のいずれを法定休日とするかの定めがない事案につき、法定休日を日曜日とした裁判例も出ています（HSBC サービシーズ・ジャパン・リミテッド（賃金等請求）事件・東京地判平成23・12・27労判1044号5頁）。

　また、裁判実務では、就労実態に鑑み、一定の法則性をもって1週間に1日の休みとなっている曜日がある場合には、その曜日を法定休日として計算することもあります。

② 　法定外休日

　労基法が要求する週1回の休日のほかに、就業規則等労働契約において定めた休日を法定外休日と呼びます。週休2日と定められている会社において、法定休日でない休日がこれに当たります。法定外休日に労働させた場合は、労基法上の休日労働ではないので、これに対し割増賃金を支払う旨の定めが就業規則等になければ休日割増賃金は発生しませんが、労働時間が週40時間を超えている場合には時間外労働として評価されますので注意が必要です。

　就業規則等において、「週休2日」などと定められていて、休日をどの日にするかという具体的な指定がない場合もあります。その場合には、①その事業所における過去の休日の与え方に従い、②事業所での慣行がない場合には業界の慣例・慣行に従い、③これもない場合には社会的通例から土日とすると考えます。

(3) 深夜労働

　深夜労働とは、所定労働時間内であるか否かを問わず、午後10時

から午前5時までの時間帯における労働をいい、深夜割増賃金支払義務が生じます（労基法37条4項）。ただし、深夜割増賃金も含めて所定賃金が定められていることが明らかな場合には、深夜割増賃金を請求できません（昭和23・10・14基発1506号）。

（4）割増率

① 労基法上の割増率の一覧表

時間外労働等の労基法上の割増率は、それぞれ**図表1-3**のとおりです。

図表1-3　労働基準法上の割増率

	5時～22時		深夜（22時～5時）
所定内労働	割増なし		25％増し（原則）
法内残業	1日8時間以内かつ週40時間以内	割増なし	25％増し
法外残業	1日8時間超または1週間40時間超	25％増し	＋25％＝50％増し
	1か月60時間超の時間外労働＊1	50％増し	＋25％＝75％増し
（法定）休日労働	全ての時間＊2	35％増し	＋25％＝60％増し

＊1　中小企業は令和5（2023）年4月から適用。下記③参照。
＊2　休日労働の場合は、1日8時間を超えても、1週間40時間を超えていても、1か月60時間を超えていても、35％のままであることに注意。

② 具体的な計算方法

時間外労働及び休日労働については、通常の労働時間または労働日に付加された特別の労働なので、時間単価に加えて割増賃金を請求することができます。すなわち、時間外労働や深夜労働の場合には時間単価の125％、休日労働の場合には時間単価の135％の割増賃金を請求することになります。これに対し、深夜労働が所定労働時間内である場合には、25％の割増賃金のみを請求することとなります。

一例として、所定労働時間が午前9時から午後6時（休憩1時間）である労働者が、法定休日の前日の午前9時から就労を開始し、日を

またいで法定休日まで労働を行い、その日の午前9時まで働いたケースを想定しましょう。

この場合、法定休日前日の午前9時から午後6時までは所定労働時間となり、午後6時以降は8時間を超える労働となります。したがって、午後10時までは法外残業として125%の割増賃金が発生します。

さらに、午後10時以降は、深夜労働となり、25%の割増賃金が加算され、合計で150%の割増賃金が発生します。

そして、午前0時を過ぎ、法定休日に入った時点で、法定休日割増が発生し、他方、法定休日には法外残業に対する割増賃金は発生しません。そのため、休日割増135%と深夜労働割増25%の合計160%割増賃金が発生します。

その後、午前5時を経過した時点で深夜割増は消滅するので、法定休日割増のみとなり、135%の割増賃金となります。

◆**法定休日まで勤務が及んだ日の時間帯別の割増率**

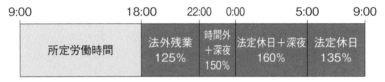

また、逆に法定休日の午前9時から就労を開始し、日をまたいで翌日の午前9時まで働いたケースを想定してみましょう。

この場合、午前9時から135%の割増賃金が発生しており、午後10時以降は深夜割増25%が加算され、160%となります。午後6時から午前0時までは8時間超の割増25%は発生しません。

その後、午前0時を過ぎると法定休日割増は終了しますが、その時点で8時間超の労働をしていますので法外残業に対する125%割増が生じます。その結果、深夜割増25%と合わせて150%割増となります。

さらに、午前5時を過ぎると深夜割増が終了するので、単純に時間外割増として125%の割増率となります。

◆法定休日を過ぎても勤務が続いた日の時間帯別の割増率

9:00	22:00	0:00	5:00	9:00
法定休日 135%	法定休日 ＋深夜 160%	時間外＋深夜 150%	時間外 125%	

　なお、行政解釈では法外休日労働と時間外労働は通算しない扱いとなっているため（平成6・5・31基発331号）、午前0時以降は割増が発生しないという解釈もあり得ます。しかし、一労働日の労働時間としては8時間を超えているのに、暦上の前日が休日労働であったからといって、午前0時から労働時間を改めてカウントすることは不合理といえます。

　この点、労基法37条が時間外労働について割増賃金を支払うべきことを使用者に義務付けているのは、使用者に割増賃金を支払わせることによって、時間外労働を抑制し、もって労働時間に関する同法の規定を遵守させるとともに、労働者への補償を行おうとする趣旨です（国際自動車事件（第二次）・最判令和2・3・30民集74巻3号549頁）。

　そして、この趣旨からすれば、現に8時間を超えて労働しているのに、暦が変わった瞬間に休日割増が消えるとともに、一から労働時間のカウントが始まり、それが再び8時間を超えないと時間外労働の割増が発生しないというのは、長時間労働を防ぐ等の上記法の趣旨に反するものといえます。したがって、当初の労働時間から8時間を超えている場合で、日をまたぐことで休日割増が消滅するような場合であっても、時間外労働の割増は生じていると解釈するのが法の趣旨に合致しているものと考えられます。

③　60時間を超えて法外残業させた場合

　使用者が1か月に60時間を超えて法外残業（法定休日労働時間を含まないことに注意してください）させた場合には、その超えた時間の労働については、時間単価の150％以上の割増率で計算した割増賃

金を支払わなければなりません（労基法 37 条 1 項但書）。ここでいう「1 か月」とは、就業規則等において起算日の定めがない場合には、賃金計算期間の初日を起算日として取り扱うものとされており、起算日から法外残業時間を累計して 60 時間に達した時点から後に行われた時間外労働について、150% の割増賃金が発生します（平成 21・5・29 基発 1 号）。

ただし、資本金の額が 3 億円以下である事業主及び常時使用する労働者の数が 300 人以下である事業主等の中小事業主については、60 時間超の場合の割増賃金の規定は令和 5（2023）年 4 月 1 日から適用されることになります（労基法附則 138 条が削除されて経過措置がなくなります）。かなり広い範囲の事業主について令和 5（2023）年 3 月 31 日まで適用外となるので、注意が必要です。

また、月 60 時間を超える法外残業を行っている場合でも、法定休日に労働した場合には、割増率は法定休日労働の割増率 135% となります。そのため、法外残業が 1 か月 60 時間を超えた場合は、逆転現象が起き、休日労働の方が割増率が低くなるという矛盾が生じます。

なお、1 か月 60 時間を超える時間外労働については、代替休暇制度があります（労基法 37 条 3 項、労基則 19 条の 2）。代替休暇制度とは、労使協定で必要な事項を定めて、60 時間超の割増賃金 25%（150% − 125%）の支払いに代えて有給の休暇を付与する制度です。

たとえば、超過勤務を月 76 時間行った場合、月 60 時間を超える 16 時間分の時間外勤務について、本来であれば通常の時間外割増手当よりも 25% 引き上げられた 150% の割増賃金の支払いが必要となります。しかし、同制度が適用されている場合、引き上げ分の 25% の支払いに替えて、延長して労働させた時間数に 25% を乗じた時間数（この例では 16 時間 × 0.25 ＝ 4 時間）分の有給の代替休暇を指定することができます。

同制度による有給休暇は、通常の年次有給休暇とは別個のものです。同制度により実際に労働者が代替休暇を取得した場合は、引き上

げ分である 25% 分の割増賃金請求権は発生しませんが、125% 分の割増賃金請求権は発生しますので、注意が必要です。

(5) 割増計算の例外

　割増賃金の計算方法の原則は以上のとおりですが、以下のような例外があり、これらの制度が採られている場合には、残業代の計算方法が異なるので、訴状作成の際は注意が必要です。詳しくは、該当頁を参照してください。

① 　管理監督者、機密事務取扱者、農業等従事者、高度プロフェッショナル制度

　これらは、そもそも残業代支払い義務の対象とならない労働者です（第 2 章第 5 節参照）。

② 　変形労働時間制

　1 日 8 時間週 40 時間以内という労働時間の規制に対する例外です（第 2 章第 6 節参照）。

③ 　フレックスタイム制

　これも 1 日 8 時間週 40 時間以内という労働時間の規制に対する例外です（第 2 章第 7 節参照）。

④ 　みなし労働時間制

　所定労働日の労働につき、実労働時間を把握した上で、実労働時間を基礎として残業代を支払うとの原則に対する例外です（第 2 章第 8・9 節参照）。

残業代を実際に計算する

・実労働時間を正確に把握し、法内残業時間、法外残業時間、深夜残業時間、休日労働時間ごとに正確に振り分ける。

・法外残業割増率、深夜労働割増率、休日労働割増率をそれぞれ正確に当てはめる。

・それぞれの項目が重なり合う時間帯については、割増率の適用に注意する。

（1）モデルケースの残業時間の確定

　これまでの残業時間の計算方法に従って、実際にモデルケースの残業時間を請求期間の4月と5月の2か月分だけ計算してみましょう。

　後掲の表（76・77頁）のように働いたと仮定します。

　モデルケースは、午前9時始業、午後5時終業、休憩1時間ですから、所定労働時間は7時間です。

　そのため、1日の実労働時間のうち、7時間を超え8時間までの1時間が法内残業時間、8時間を超える分が法外残業時間となります。

① 法内残業と法外残業の仕分け

年月日	曜日	所定休日	始業時刻	終業時刻	休憩		休憩時間	一日実労働時間数	法内残業時間数	法外残業時間数	深夜労働時間数	休日労働時間数
					始	終						
2020/3/16	月		9:00	19:07	12:00	13:00	1:00	9:07	1:00	1:07		

たとえば、3月16日をみてみると、実労働時間は9時間7分となり、所定労働時間を超えた2時間7分のうち、1時間が法内残業時間数、1時間7分が法外残業時間数としてカウントされています。したがって、時間単価に対し、法内残業は時間単価分、法外残業は25%の割増率で残業代を算出します。

◆ 3/16

```
9:00            12:00 13:00                    17:00 18:00 19:07
  ┌──────────────┬──────┬──────────────────┬──────┬──────┐
  │     所定      │ 休憩  │       所定        │ 法内  │      │
  │              │      │                  │      │ 法外  │
  │              │      │                  │      │ 25%  │
  └──────────────┴──────┴──────────────────┴──────┴──────┘
```

② 法外残業＋深夜労働の計算

年月日	曜日	所定休日	始業時刻	終業時刻	休憩 始	休憩 終	休憩時間	一日実労働時間数	法内残業時間数	法外残業時間数	深夜労働時間数	休日労働時間数
2020/3/23	月		9:00	25:30	12:00	13:00	1:00	15:30	1:00	7:30	3:30	

次に、3月23日をみてみましょう。この日は、午前9時から次の日の午前1時30分まで働いています。午後10時から翌日の午前5時までの時間は深夜労働となりますから、午後10時から翌日の午前1時30分までの3時間30分が深夜労働時間数となります。

したがって、午後5時から6時までは法内残業、午後6時から午後10時までは法外残業となり25%の割増率、午後10時から午前1時30分までは深夜労働の割増が加算されて50%の割増率になります。なお、日をまたいでも、一勤務としカウントすることは前述したとおりです。

◆ 3/23

③　週40時間超の計算

年月日	曜日	法定休日	始業時刻	終業時刻	休憩 始	休憩 終	休憩時間	一日実労働時間数	法内残業時間数	法外残業時間数	深夜労働時間数	休日労働時間数
2020/3/22	日		9:00	21:32	12:00	13:00	1:00	11:32	1:00	3:32		
2020/3/23	月		9:00	25:30	12:00	13:00	1:00	15:30	1:00	7:30	3:30	
2020/3/24	火		9:00	20:15	12:00	13:00	1:00	10:15	1:00	2:15		
2020/3/25	水		9:00	21:49	12:00	13:00	1:00	11:49	1:00	3:49		
2020/3/26	木		9:00	18:13	12:00	13:00	1:00	8:13	1:00	0:13		
2020/3/27	金		9:00	21:37	12:00	13:00	1:00	11:37	0:00	11:37		

　3月27日の分ですが、この日の実労働時間11時間37分は、全て法外残業時間数として計算されています。これは、3月22日から26日までの5日間で、所定労働時間である7時間×5日と法内残業1時間×5の合計で、すでに週40時間働いているため、週40時間を超える労働が法外残業時間となったものです。この時間は全て25%の割増率で計算されます。

◆ 3/27

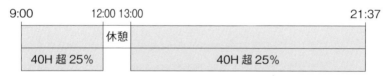

年月日	曜日	法定休日	始業時刻	終業時刻	休憩 始	休憩 終	休憩時間	一日実労働時間数	法内残業時間数	法外残業時間数	深夜労働時間数	休日労働時間数
2020/3/22	日		9:00	17:00	12:00	13:00	1:00	7:00				
2020/3/23	月		9:00	17:00	12:00	13:00	1:00	7:00				
2020/3/24	火		9:00	17:00	12:00	13:00	1:00	7:00				
2020/3/25	水		9:00	17:00	12:00	13:00	1:00	7:00				
2020/3/26	木		9:00	17:00	12:00	13:00	1:00	7:00				
2020/3/27	金		9:00	21:37	12:00	13:00	1:00	11:37	5:00	6:37		

　なお、上記表のように、仮に3月22日から26日まで残業がなかったとすると、3月27日までに、当該週の労働時間は、所定労働時間7時間×5日なので35時間となり、3月27日の実労働時間の5時間に

ついては、1日8時間、週40時間の法の定めには違反していないため、割増賃金は発生しません。

したがって、午後3時までの5時間は時間単価どおりで割増なし、それ以降の6時間37分は25%の割増率となります。

◆ 3/27（途中から週の労働時間が40時間を超える場合）

```
9:00        12:00 13:00    15:00                          21:37
┌───────────┬─────┬─────────┬──────────────────────────────┐
│ 割増なし  │ 休憩│ 割増なし│         40H 超 25%           │
└───────────┴─────┴─────────┴──────────────────────────────┘
```

④ 法定休日の特定、法定休日労働の計算

年月日	曜日	法定休日	始業時刻	終業時刻	休憩 始	休憩 終	休憩時間	一日実労働時間数	法内残業時間数	法外残業時間数	深夜労働時間数	休日労働時間数
2020/3/22	日		9:00	21:32	12:00	13:00	1:00	11:32	1:00	3:32		
2020/3/23	月		9:00	25:30	12:00	13:00	1:00	15:30	1:00	7:30	3:30	
2020/3/24	火		9:00	20:15	12:00	13:00	1:00	10:15	1:00	2:15		
2020/3/25	水		9:00	21:49	12:00	13:00	1:00	11:49	1:00	3:49		
2020/3/26	木		9:00	18:13	12:00	13:00	1:00	8:13	1:00	0:13		
2020/3/27	金		9:00	21:37	12:00	13:00	1:00	11:37	0:00	11:37		
2020/3/28	土	休	9:00	19:00	12:00	13:00	1:00	9:00	0:00			9:00

3月28日は、7日間連続勤務の7日目に当たります。そのため、3月28日は法定休日となり、実労働時間の9時間が全て休日労働となります。

なお、既に説明したとおり休日労働と法外残業が重複する場合、ダブルカウントすることはありません。

このような場合は、休日労働の割増賃金のみが発生します。

したがって、この日の労働時間は週40時間を超過していますが、法外残業としての割増率は適用されず、全労働時間に対して法定休日労働の35%の割増率が適用となります。

◆ 3/28

9:00		12:00 13:00		19:00
		休憩		
休日 35%		休日 35%		

⑤　遅刻の計算（ⅰ）

年月日	曜日	法定休日	始業時刻	終業時刻	休憩 始	休憩 終	休憩時間	一日実労働時間数	法内残業時間数	法外残業時間数	深夜労働時間数	休日労働時間数
2020/3/31	火		10:30	18:30	12:00	13:00	1:00	7:00	0:00	0:00		

　3月31日は、10時30分に勤務を開始しており、遅刻をしていることになります。

　この場合、所定の退勤時間である午後5時を超え、さらに、通常の始業時刻から働いていれば実労働時間が8時間を超えたはずの午後6時を過ぎても割増賃金は発生しません。割増賃金が発生するためには、現実の実労働時間が8時間を超えないとなりません。このケースでは、労働者が1時間30分遅刻しているため、午後6時30分まで働いていたとしても、法外残業は生じませんので、注意しましょう。

　なお、所定終業時刻である午後5時以降は、法内残業として、時間単価に対し1.0の掛け率での賃金は発生します。もっとも、遅刻した部分について、遅刻控除がなされますので、このケースでは、遅刻した時間と同時間の法内残業ですので、事実上相殺ということになります（表計算上は、計算の煩雑さを回避するために結果のみ記載しているため、法内残業時間数がゼロカウントとして表示されています）。

◆ 3/31

10:30		12:00 13:00		17:00	18:30
所定		休憩	所定		法内

⑥　遅刻の計算（ⅱ）

年月日	曜日	法定休日	始業時刻	終業時刻	休憩		休憩時間	一日実労働時間数	法内残業時間数	法外残業時間数	深夜労働時間数	休日労働時間数
					始	終						
2020/4/1	水		10:00	21:00	12:00	13:00	1:00	10:00	1:00	2:00		

　2020 年 4 月 1 日は、1 時間の遅刻をしていますが、実労働時間が 10 時間ありますから、法内残業時間 2 時間（遅刻控除 1 時間があるので表計算上は 1 時間として結果のみ記載）と法外残業時間 2 時間がカウントされています。

◆ 4/1

⑦　日をまたいで法定休日労働に突入したときの計算

年月日	曜日	法定休日	始業時刻	終業時刻	休憩		休憩時間	一日実労働時間数	法内残業時間数	法外残業時間数	深夜労働時間数	休日労働時間数
					始	終						
2020/4/5	日		9:00	18:35	12:00	13:00	1:00	8:35	1:00	0:35		
2020/4/6	月		9:00	21:41	12:00	13:00	1:00	11:41	1:00	3:41		
2020/4/7	火		9:00	19:27	12:00	13:00	1:00	9:27	1:00	1:27		
2020/4/8	水		9:00	20:11	12:00	13:00	1:00	10:11	1:00	2:11		
2020/4/9	木		9:00	20:32	12:00	13:00	1:00	10:32	1:00	2:32		
2020/4/10	金		9:00	30:00	12:00	13:00	1:00	20:00		14:00	7:00	6:00

　4 月 10 日は、午前 9 時から翌日の午前 6 時まで働いたというものです。

　まず、この労働者は、この日までの 4 月 5 日から 4 月 9 日までの 5 日間で、所定労働時間及び法内残業で 40 時間の労働をしています。

　したがって、4 月 10 日は、午前 9 時から午後 10 時までの休憩 1 時間を挟んだ 12 時間の労働は、全て週 40 時間の制限を超えたものですので、法外残業時間となり、割増率は 25% で計算します。

　次に、午後 10 時から午前 0 時までの 2 時間は、法外残業時間かつ

深夜労働時間です。そのため、深夜・時間外労働として50%の割増率となります。4/10の表の中では、時間外労働時間数の欄（計算式は「時間単価×1.25」）と、深夜労働時間数の欄（計算式は「時間単価×0.25」）の両方にカウントされています。

　午前0時以降は、日付が変わり4月11日となりますが、この日は7日間連続勤務の7日目に当たり、法定休日となります。したがって、日付が変わって以降は、法定休日労働となります。このとき、時間外労働ではありますが、休日労働としてカウントされます。そのため、午前0時から午前5時までの5時間は、深夜労働時間かつ休日労働時間となり、深夜・休日労働の割増率60%が適用されます。表の中では、深夜労働時間数（時間単価×0.25）の欄と、休日労働時間数の欄（時間単価×1.35）の両方にカウントされています。そして、午前5時から午前6時までの1時間は、通常の法定休日労働時間のみカウントされます。

◆4/10

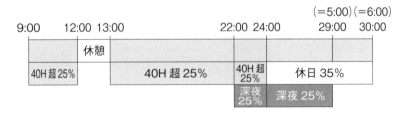

⑧　法定休日労働が日をまたいだ場合の計算

年月日	曜日	法定休日	始業時刻	終業時刻	休憩 始	休憩 終	休憩時間	一日実労働時間数	法内残業時間数	法外残業時間数	深夜労働時間数	休日労働時間数
2020/4/19	日		9:00	15:35	12:00	13:00	1:00	5:35				
2020/4/20	月		9:00	16:00	12:00	13:00	1:00	6:00				
2020/4/21	火		9:00	17:02	12:00	13:00	1:00	7:02	0:02			
2020/4/22	水		9:00	16:32	12:00	13:00	1:00	6:32				
2020/4/23	木		9:00	17:03	12:00	13:00	1:00	7:03	0:03			
2020/4/24	金		9:00	17:10	12:00	13:00	1:00	7:10	0:10			
2020/4/25	土	休	19:00	30:00	24:00	25:00	1:00	10:00		2:00	6:00	5:00

4月25日は、午後7時から翌日の午前6時まで働いています。4月25日は当該週の最終日でありますが、この週は休みがありませんので、法定休日となります。

　そこで、午後7時から午後10時までの3時間は法定休日労働時間となります。割増率は35%です。

　次に午後10時から翌日の午前0時までの2時間は、法定休日労働時間かつ深夜労働時間となり、60%の割増率（35% ＋ 25%）となります。

　午前0時からは、日付が変わり法定休日ではなくなります。そのため、午前1時から午前4時までの3時間（午前0時から1時まで1時間の休憩あり）の労働には、深夜労働時間として割増率は25%となります。また、この3時間は所定外労働ですが、時間外労働時間がまだ8時間を超えていないので、割増はなく、深夜労働についてのみの25%の割増率となります。

　そして、午前4時以降は、勤務時間が8時間を超えるため、法外残業時間となり、午前4時から午前5時まで深夜労働でもありますので、この1時間の労働には、法外残業時間と深夜労働時間の合計である50%割増率で計算されます。

　そして、午前5時からは深夜労働ではなくなるので、始業時刻である午前6時までの1時間は、法外残業時間の割増率25%で計算することになります。

◆4/25

年月日	曜日	法定休日	始業時刻	終業時刻	休憩		休憩時間	一日実労働時間数	法内残業時間数	法外残業時間数	深夜労働時間数	休日労働時間数
					始	終						
2020/5/7	木		9:00	33:00	12:00	13:00	1:00	23:00	1:00	15:00	7:00	
2020/5/8	金		9:00	11:00				2:00				

　5月7日は、午前9時から33時、すなわち翌8日の午前9時まで働き、さらにそのまま休むことなく午前11時まで働いたというケースです。

　この場合、5月7日の勤務が5月8日午前11時まで続いたとすると、深夜割増と重複しない法外残業時間は、7日午後6時から午後10時までの4時間と、8日午前5時から11時までの6時間、合計10時間となりますが、行政解釈ではそのようには考えません。

　前日の労働が継続して翌日まで及んだ場合には、翌日の所定労働時間の始業時刻までの分は、前日の超過勤務時間として取り扱われます（昭和28・3・20基発第136号）。すなわち、翌日の始業時刻以降は、新たな勤務が始まることになります。本件に当てはめると、8日の始業時間である午前9時に達した時点で、前日から続いていた一勤務は終了し、新たな勤務日が始まることになります。したがって、8日の午前9時に勤務時間はリセットされ、またゼロから労働時間のカウントが始まることになります。

　よって、行政解釈に従えば5月7日の勤務は5月8日午前9時で終了したこととなり、5月8日は午前9時から午前11時の2時間のみ勤務したことになります。

　ただ、割増賃金制度が長時間労働の抑止にあるとすると、翌日の所定労働時間に達したため割増率がリセットされるという扱いは、その趣旨に反しており疑問があります。

◆5/7

◆5/8

9:00	11:00
所定	

⑩ 60時間超の計算

　最後に、このモデルケースでは、使用者の規模は従業員数約500人、資本金4億円とのことなので、令和5（2023）年3月31日までの中小企業の猶予の特例は適用されず、月に60時間を超えて法外残業をさせた場合の特別な割増率が適用されます。したがって、60時間を超えた分について50%の割増賃金が支払われることになります。

　計算としては、法外残業時間数の合計から60時間を控除した時間に、上乗せ割増分の25%を掛けて算出することになります（既に時間外労働として時間単価に対し1.25を乗じているため、50%割増については、その差である0.25を乗ずれば足りるためです）。

　本件では、たとえば令和2年12月分の時間外労働時間数61時間05分から60時間を控除した1時間5分に、時間単価である1608円をかけ、これに0.25を乗じて算出します（1762円となります）。

（2）残業代の確定

　上記のようにして算出したそれぞれの労働時間に、時間単価と割増率を掛け合わせて算出します。時間単価は、15頁で計算したように、令和2年は1627円です。

したがって、令和2年4月分は、次表のとおりとなります。

	時間数	時間単価×時間×割増率	残業代
法内残業時間	20 時間	1,627 × 20 × 1.0	32,540 円
法外残業時間	57 時間 14 分	1,627 × 57.23 × 1.25	116,398 円
深夜労働時間	10 時間 30 分	1,627 × 10.5 × 0.25	4,270 円
休日労働時間	24 時間 12 分	1,627 × 24.2 × 1.35	53,154 円
		合計	206,362 円

　令和2年5月分以降も同様に計算し、算出します。詳細な勤務時間表は省略しますが、令和2年4月から令和5年3月までの残業代の総額は554万9872円となります（74頁の表参照）。

6 訴状作成上の注意事項

ポイント

・消滅時効、除斥期間、付加金の扱いに注意する。
・請求する期間と額を検討する。

（1）管轄

① 訴訟を提起する場合

　通常訴訟を提起する場合の土地管轄は、原則として、被告の普通裁判籍の所在地を管轄する裁判所にあります（民訴法4条1項）。そして、相手が法人の場合は、主たる事務所または営業所の所在地に普通裁判籍があります（同条4項）。

　そのため、残業代請求訴訟を提起する場合には、被告の本社または支社の所在地の裁判所に訴えを提起します。なお、賃金の義務履行地は、明確な根拠法が存在しないため、原則として持参債務となり、義務履行地は労働者の住所となりますが（民法484条1項）、当事者の意思や慣行が存在する場合は、それによります。古い裁判例では、給料債権について、とり決めもない場合は、暗黙の合意がなされたと認められる別段の事情または合意がない限り、労使双方に好都合な使用者の営業所が支払場所となるとした決定があります（東京高決昭和38・1・24下級裁判所民事裁判例集14巻1号58頁）。これによると取立債務となります。

② 労働審判手続を選択する場合

労働審判手続の場合は、労働者が現に就業し、もしくは最後に就業した営業所の所在地を管轄する裁判所も管轄裁判所として認められています（労審法2条1項）。ただし、支部での取扱いは東京地裁立川支部、福岡地裁小倉支部、静岡地裁浜松支部、長野地裁松本支部、広島地裁福山支部でしか行われていないので注意します（令和4（2022）年4月現在）。

③ 合意管轄

労使関係の紛争についての管轄については、労働契約書や就業規則で、合意管轄の定めがある場合がありますので注意しましょう。

(2) 請求の趣旨を完成させる

① 請求する期間

（i）時効

賃金請求の消滅時効は3年です。令和2年4月1日施行の法改正で5年となっていますが、経過措置により、「当分の間」は3年とされています（労基法115条、附則143条3項）。この「賃金」には残業代も含まれますので、残業代も3年間の消滅時効にかかります。また、この法改正前に支払日が到来する賃金は改正前の労基法115条により2年が時効となります。消滅時効は、「権利を行使することができる時から」進行するところ（民法166条1項）、各月の賃金請求権は、その支払日から行使できるようになります。したがって、消滅時効もその日から（正確にはその翌日から。民法140条）進行します。

そのため、請求日より3年以上前に支払日が到来する賃金については消滅時効にかかるので、請求しても、使用者から消滅時効を援用されてしまう可能性があります。このような場合、請求する期間を当初から絞り、消滅時効にかからない期間を請求する場合もあります。

ⓐ支払日が令和3年4月1日より前の賃金…2年

ⓑ支払日が令和3年4月1日以降の賃金…3年

なお、3年前から2年前の1年間分の残業代を、不法行為に基づく損害賠償として請求し、これを認めた裁判例があります（杉本商事事件・広島高判平成19・9・4労判952号33頁）。

（ⅱ）除斥期間

　②で詳しく述べますが、残業代の請求を認容する判決には、「付加金」の支払いを命じる場合があります（労基法114条）。そして、その付加金の請求は、「違反のあった時から5年以内にしなければならない」と規定されています（同条但書）。この「5年」も「当分の間」は「3年」とする経過措置があります（労基法附則143条2項）。

　この3年というのは消滅時効期間ではなく、除斥期間と解されています。除斥期間については更新がないので、3年以内に訴えを提起しない限り、付加金の請求はできないことになります。

②　付加金

（ⅰ）付加金とは

　付加金とは、労基法114条に定められている使用者に支払義務のある金銭を労働者に支払わなかった場合に、労働者の請求によって、裁判所がその未払金に加えて、これと同一額の支払いを命ずることができる金銭のことをいいます。

　その趣旨は、労働者の保護の観点から、支払義務を履行しない使用者に対し一種の制裁として経済的な不利益を課すこととし、その支払義務の履行を促すことにより同条規定の金銭支払いの実効性を高めようとするものと解されています。また、使用者から労働者に対し付加金を直接支払うよう命ずべきものとされていることから、付加金については、労働者に生ずる損害の塡補という趣旨も併せもっているとされています（最決平成27・5・19民集69巻4号635頁）。

　付加金を支払えとの命令は、裁判所の裁量的命令として規定されており、支払義務は法律上当然に発生するものではなく、裁判所の命令があって初めて発生するものです。裁判所は、使用者による違法の程度・態様、労働者の不利益の性質・内容等を勘案して、支払義務の存

否及び額を決定するものとされています（松山石油事件・大阪地判平成 13・10・19 労判 820 号 15 頁）。支払いを命じることができるのは、未払割増賃金と同額までで、それを上回ることはできません。上記のとおり、裁判所の命令によって支払義務が発生するので、その命令前（事実審の口頭弁論終結前）に使用者が上記の未払割増賃金等を全額支払うと、付加金支払いを命じることはできないとされています（細谷服装事件・最判昭和 35・3・11 民集 14 巻 3 号 403 頁、新井工務店事件・最判昭和 51・7・9 集民 118 号 249 頁、甲野堂薬局事件・最判平成 26・3・6 労判 1119 号 5 頁）。

　また、付加金の支払いの命令は、原告が請求をしないと認められないものなので、誤って請求を忘れていた場合には、支払い命令が出ることはありません。多額の付加金が認められるべき事案で請求を失念していた場合、弁護過誤になり得ますので、忘れずに請求をするようにしましょう。この点、付加金について、請求期間外の付加金を命ずることはできないとした最高裁判決（ケンタープライズ事件・最判令和 1・12・17 判例秘書 L07410140）があります。ただ、この事案はそもそも除斥期間を過ぎているので請求しないのは当然で、命じた高裁のミスということになります（ジュリスト 1545 号 4 頁に解説あり）。

（ⅱ）付加金請求に必要な立証

　上述のように、付加金の額は、使用者による違法の程度・態様、労働者の不利益の性質・内容等を勘案して決定します。そのため、付加金の額は、裁判所の裁量によるところが大きく、裁判所が重視した事実の種類や悪質性の程度はケース・バイ・ケースであり、類型化は困難です。労働者の代理人弁護士としては、悪質と思われる法令違反、信義則違反を考えつく限り主張・立証しましょう。

（ⅲ）付加金も訴訟物の価額に算入するか

　かつては、付加金を独立した請求と見て訴訟物の価額に算入して訴額を計算する運用をしていた地域もありましたが、前記平成 27 年 5 月 19 日の最高裁決定によって、付加金請求を付帯請求として扱うこ

とが確定しました。同決定によって、付加金を訴訟物の価額に算入しない扱いが全国的に統一されました。

（ⅳ）付加金の対象

付加金の対象となる金銭は、解雇予告手当（労基法20条）、休業手当（労基法26条）、割増賃金（労基法37条）、有給休暇中の賃金（労基法39条9項）です。したがって、残業代請求、すなわち、割増賃金の請求訴訟を提起する際には、同額の付加金を請求できます。

なお、付加金の対象となるのは法外残業に対する割増賃金のみであり、法内残業に対する賃金は対象にならないので、全体の残業代から法内残業代の部分を引いた額が付加金の請求額となります。

（ⅴ）労働審判手続における付加金の請求

労働審判手続で残業代とともに付加金を請求する場合には注意が必要です。その理由は、労基法114条が、「裁判所は…命ずることができる」と規定しているところ、労働審判手続を進行するのは、裁判官1名と労働審判員2名からなる「労働審判委員会」であるからです。この場合、「裁判所」ではないため、付加金の支払いを命じることはできないとされています。

それでも、労働審判手続では付加金の請求を行うべきです。労働審判が出された後、当事者のいずれかからこれに対する異議が出された場合は、労働審判手続の申立てがなされた時に訴えの提起があったものとみなされ（労審法22条1項）、申立時点で、除斥期間の経過による請求権消滅を防ぐことができるからです。したがって、労働審判手続においても、必ず付加金の請求はしておきましょう。

③　遅延損害金

（ⅰ）相手が会社、商人の場合

遅延損害金は、令和2年4月1日以降に支払日が到来するものについては年3％です（民法404条2項）。それより前に支払日が到来するものについては、相手が会社や商人の場合は、「商行為によって生じた債務」となりますので年6％で（改正前商法514条）、その他の

場合は年５％です（改正前民法 404 条）。

（ii）退職をした場合

労働者が退職した場合、退職の日の翌日からの遅延損害金は原則として年 14.6％となります（賃確法６条１項）。在職しているときの遅延損害金は、上記（ i ）のとおり、請求の趣旨では、支払日の翌日から退職の日までは年３％（または６％か５％）、退職の日の翌日から支払い済みまで年 14.6 の遅延損害金を付すことを求めます。

ただし、解雇の無効と残業代の支払いを併せて主張する場合は、注意が必要です。この 14.6％の遅延利息は、あくまで退職していることが前提ですので、解雇の無効を主張すると、主張に矛盾が生じてしまいます。その場合は、通常どおりの利率で請求することになります。

また、「やむを得ない事由」として、賃確則６条各号に定められている事項に該当する場合には、賃確法６条１項の規定の適用はありません（同条２項）。その場合の遅延損害金は通常の利率になります。

特に、「支払が遅滞している賃金の全部又は一部の存否に係る事項に関し、合理的な理由により、裁判所又は労働委員会で争っている」場合（賃確則６条４号）に当たるとして、退職後であっても年 14.6％の遅延損害金が付されなかった例があります（オークビルサービス事件・東京高判平成 16・11・24 労判 891 号 78 頁）。しかし、同事件判決では、具体的な理由を摘示しておらず結論には疑問が残ります。使用者がこの点を争ってきた場合には、労働者としては、使用者が残業代を支払わないことの不合理性を積極的に主張する必要があります。

不合理性の具体例としては、たとえば、「残業代は基本給に算入済みである」といった法的に到底通用しない理由による不払いや、具体的な理由を全く説明しないことによる不払いなどが考えられます。

賃金の支払の確保等に関する法律施行規則

（遅延利息に係るやむを得ない事由）

第六条　法第六条第二項の厚生労働省令で定める事由は、次に掲げるとお

りとする。

一　天災地変

二　事業主が破産手続開始の決定を受け、又は賃金の支払の確保等に関する法律施行令（以下「令」という。）第二条第一項各号に掲げる事由のいずれかに該当することとなつたこと。

三　法令の制約により賃金の支払に充てるべき資金の確保が困難であること。

四　支払が遅滞している賃金の全部又は一部の存否に係る事項に関し、合理的な理由により、裁判所又は労働委員会で争つていること。

五　その他前各号に掲げる事由に準ずる事由

（iii）　付加金の遅延損害金

付加金は、違約金としての性格を有していますので、付加金自体に関する遅延損害金は、民法所定の年３％となります（民法 404 条 2 項）。付加金請求権は、支払い命令によって生じますので、起算日は、判決確定日の翌日からとなります。

④　訴訟物の価額の算出方法

附帯請求は、訴訟物の価額に算入しないというのが民訴法の原則です（民訴法 9 条 2 項）。そのため、遅延損害金は、訴訟物の価額には算入しません。また、付加金については、上述のように最高裁決定によって訴額に算入しないとの判断がなされました。よって、算出した請求する残業代の金額が、そのまま訴訟物の価額となります。

（3）請求する期間の決定

本件において、請求する期間はどうすべきでしょうか。本件での提訴日は令和 5 年 4 月 1 日です。令和 2 年 2 月 16 日から 3 月 15 日までの賃金（3 月分）については、令和 2 年 3 月 25 日が賃金の支給日となるため、催告等の措置をとっていなければ 3 年間の消滅時効を援用される可能性があります。また、令和 5 年 4 月分は、まだ賃金の支給日が到来していません。そのため、請求するのは令和 2 年 4 月分から

令和5年3月分までとすることにします。

（4）遅延損害金

　上記のとおり、残業代は、支払日の翌日から遅延損害金が発生します。モデルケースでは、令和2年4月25日以降の支払日の請求なので民法所定の年3％です。そのため、訴状の請求の趣旨の記載は、「内金24万5464円に対する令和2年4月26日から支払い済みまで年3％の割合による金員を支払え」のように各支払日ごとの遅延損害金を求める記載となります。また、書式のような表を添付する場合は、「別紙未払賃金請求目録未払額欄記載の各月の金員に対する支払日欄記載の各支払日の翌日から支払い済みまで年3％の割合による金員を支払え」と記載するという方法もあります。

　仮に原告が退職していた場合、たとえば令和5年4月1日に退職していたような場合は、「内金24万5464円に対する令和2年4月26日から令和5年4月1日まで年3％、同月2日から支払い済みまで年14.6％の割合による金員を支払え」となります。

　付加金の遅延損害金は民法所定の年3％で、裁判確定日の翌日から発生します。そのため、訴状の請求の趣旨の記載は、「金429万9200円（法内残業を除いた額）及びこれに対する本裁判確定の日の翌日から支払い済みまで年3％による金員を支払え」となります。

（5）訴訟物の価額の算出

　前記のように、付加金及び遅延損害金は付帯請求なので訴訟物の価額には算入しません。したがって、算出した残業代554万9872円のみが訴訟物の価額となります。

（6）訴状の作成例

　これまで検討した訴状の記載事項を踏まえ、モデルケースの具体的な訴状モデルを次頁から記載します。

訴状の作成例

訴　　状

令和5年4月1日

東京地方裁判所民事部　御　中

原告訴訟代理人弁護士　　甲野太郎

〒○○○-○○○○　　　東京都○○区○○○-○-○

原告　　乙野花子

〒100-0006　東京都千代田区有楽町○丁目○番○号

○○ビル○階　　○○法律事務所（送達場所）

電　話　03-○○○○-○○○○

ＦＡＸ　03-○○○○-○○○○

原告訴訟代理人弁護士　　甲野太郎

〒○○○-○○○○　　　東京都○○区○○○-○-○

被告　　丙山株式会社

上記代表者代表取締役　　丁川太郎

未払残業代請求事件

訴訟物の価額　554万9872円

貼用印紙額　　3万4000円

<h1 align="center">請求の趣旨</h1>

1　被告は、原告に対し、金554万9872円及び別紙未払残業代請求目録記載の「月間未払時間外手当」欄記載の各金員に対する「支払日」欄記載の各支払日の翌日から支払い済みまで年3％の割合による金員を支払え

2　被告は、原告に対し、金429万9200円及び本裁判確定の日の翌日から支払い済みまで年3％の割合による金員を支払え

との判決並びに第1項につき仮執行宣言を求める。

<h1 align="center">請求の原因</h1>

第1　当事者

　1　原告

　　原告は、平成30年4月1日、被告と期間の定めのない労働契約を締結し、営業事務の業務に従事してきた者である。

　2　被告

　　被告は、食品の生産、加工、販売等を業としている株式会社であり、従業員数は、約500人、資本金は4億円である。

第2　労働契約の内容

　1　原告の賃金

　　原告の賃金は、以下の通りである。

基本給	20万円
住宅手当	2万円
通勤手当	1万円
皆勤手当	5000円
合計	23万5000円

　2　所定労働時間

　　午前9時から午後5時までのうち、休憩1時間（午後0時から午後1時まで）を除く7時間。

3　休日

　　土曜日、日曜日、国民の祝日、夏季休暇 5 日間、12 月 30 日〜
　1 月 3 日。

　4　賃金の支払い

　　毎月 15 日締め、当月 25 日払い（ただし、25 日が休日の場合
　には、その前日に支払う）。

第 3　原告の勤務内容

　原告は、概ね午前 9 時に出社後、午前中は○○の業務に従事し
…、午後は…、夕方には…。そして、原告は、上記○○の業務が終
了するまで帰宅することができず、別紙残業代請求目録記載の通
り、所定の退勤時刻を過ぎても、業務を行う必要があった。

第 4　未払残業代

　1　原告の時間外労働

　　被告における従業員の所定労働時間は、午前 9 時から午後 5 時
　（休憩 1 時間を含む）までの 7 時間であるが、原告は、所定労働
　時間を超え、多くの時間外労働を行っていた。

　　かかる原告の令和 2 年 3 月 16 日から令和 5 年 3 月 15 日各日に
　おける労働時間は別紙未払残業代請求目録・月別一覧表記載のと
　おりである。

　　また、上記期間の法内残業時間数、法外残業時間数、月間 60
　時間超法外残業時間数、深夜労働時間数、休日労働時間数は、別
　紙未払残業代請求目録記載のとおりである。

　2　割増率

　　被告には、原告の時間外労働に対して、割増賃金支払義務があ
　るが、その割増率は以下のとおりである（労基法 37 条 1 項及び
　割増賃金に係る率の最低限度を定める政令）。

　　法外残業　25%

　　深夜残業　50%

休日労働　35%

3　割増賃金の基礎となる時間単価

(1)　はじめに

　割増賃金の基礎となる時間単価は、賃金月額÷1か月平均所定労働時間数によって計算される（労働基準法施行規則19条1項4号）。

(2)　原告の1か月平均所定労働時間

ア　令和2年

　原告の年間休日は、土曜日、日曜日、国民の祝日、夏季休暇5日間、12月30日〜1月3日の5日間であり、令和2年における上記休日の合計日数は、129日である。よって、原告の令和2年における年間所定労働日数は、366日－129日＝237日である。

　一方、1日における原告の所定労働時間は7時間である。よって、原告の令和2年における年間所定労働時間は、7時間×237日＝1659時間である。

　よって、原告の1か月平均所定労働時間は、1659時間÷12か月≒138.25時間である。

イ　令和3年（略）

ウ　令和4年（略）

エ　令和5年（略）

(3)　時間単価の基礎賃金

　そして、時間単価の基礎となる賃金は、基本給に各種手当を含んだものとなるが、通勤手当、住宅手当は含まないものとされている（労働基準法37条5項及び同法施行規則21条3号）。

　しかし、時間単価の計算の基礎となる賃金から除外される手当とは、各労働者が負担している住宅費用や通勤距離に応じて算定されるものを意味し、住宅費用や通勤距離にかかわらず一定額で支給される場合は除外される手当に該当しない。

　ここで、原告に支給されていた住宅手当は、住宅費用にかかわらず、一定額が支給されているという性格のものであり、除外さ

れる手当には該当しない。一方、通勤手当は、距離に応じて段階的に支給されていたものであるから、除外される手当に該当する。

よって、原告の割増賃金を計算するにあたっての、時間単価の基礎賃金は、22万5000円である。

(4) 時間単価

ア　令和2年

上記の数値をもとに、時間単価の基礎賃金を、1か月平均所定労働時間である138.25時間で割り、未払残業代を計算するにあたっての原告の時間単価を算出すると、22万5000円÷138.25≒1627円となる。

イ　令和3年（略）

ウ　令和4年（略）

エ　令和5年（略）

4　割増賃金の算出

そして、算出した時間単価と、時間外労働時間を基に、上記の割増率で各未払い賃金を計算すると、別紙未払残業代請求目録の通り、法内残業賃金は125万0672円、法外残業割増賃金は298万4677円、月間60時間超法外残業割増賃金は5万6908円、深夜労働割増賃金は25万1481円、休日労働割増賃金は130万6134円である。

よって、被告は、原告に対し、計554万9872円の割増賃金及びこれに対する遅延損害金を支払わなければならない。

第5　付加金

以上のとおり、被告は、原告に対し割増賃金の支払義務が存するが、被告は従業員の労働時間管理をまともに行おうとせず、かつ残業代を十分に支払おうとしなかった。

かかる被告の態度は悪質であり、被告は、原告に対し、付加金として429万9200円及びこれに対する遅延損害金を支払わなければならない。

第6　結論

　よって、原告は、被告に対し、未払の割増賃金である金554万9872円及び別紙未払残業代請求目録「月間未払時間外手当」欄記載の各月の金員に対する「支払日」欄記載の各支払日の翌日から支払い済みまで民法所定の年3％の割合による遅延損害金、付加金として金429万9200円及び本裁判確定の日の翌日から支払い済みまで民法所定の年3％の割合による遅延損害金の支払いを求める。

証　拠　方　法
別紙証拠説明書記載の通り

添　付　書　類

1	訴状副本	1通
2	甲号証の写し	各2通
3	証拠説明書	2通
4	資格証明書	1通
5	訴訟委任状	1通

以上

未払残業代請求目録の例

未　払　残　業　代　請　求　目　録

期間	年間所定労働日数	年間所定労働時間数	1月平均所定労働時間数	基本給	時間単価
2020年4月分〜12月分	237	1659時間	138時間	225,000	1,627
2021年1月分〜12月分	239	1708時間	139時間	225,000	1,613
2022年1月分〜12月分	238	1673時間	138時間	225,000	1,620
2023年1月分〜3月分	241	1687時間	140時間	225,000	1,600

番号	期間	支払日	月間実労働時間数	法内残業時間数	法外残業時間数	月間60時間超時間外労働時間数
1	2020年4月分	2020年4月25日	260:26	20:00	57:14	13:03
2	2020年5月分	2020年5月25日	187:09	10:15	43:47	0:00
3	2020年6月分	2020年6月25日	213:15	21:00	27:43	0:00
4	2020年7月分	2020年7月25日	205:35	13:15	41:43	0:00
5	2020年8月分	2020年8月25日	182:52	12:15	37:47	0:00
6	2020年9月分	2020年9月25日	196:08	15:12	35:21	0:00
7	2020年10月分	2020年10月25日	197:49	17:12	35:02	0:00
8	2020年11月分	2020年11月25日	222:33	20:12	59:08	0:00
9	2020年12月分	2020年12月25日	231:03	21:10	61:05	1:05
10	2021年1月分	2021年1月25日	180:03	18:00	35:03	0:00
11	2021年2月分	2021年2月25日	197:06	20:00	33:55	0:00
12	2021年3月分	2021年3月25日	208:00	20:00	39:22	0:00
13	2021年4月分	2021年4月25日	249:14	23:00	62:16	2:16
14	2021年5月分	2021年5月25日	225:50	22:00	60:09	0:09
15	2021年6月分	2021年6月25日	240:00	23:00	67:45	7:45
16	2021年7月分	2021年7月25日	246:16	23:00	67:44	7:44
17	2021年8月分	2021年8月25日	234:40	22:00	54:19	0:00
18	2021年9月分	2021年9月25日	266:15	26:00	60:28	0:28
19	2021年10月分	2021年10月25日	241:42	23:00	60:38	0:38
20	2021年11月分	2021年11月25日	240:25	23:00	59:21	0:00
21	2021年12月分	2021年12月25日	257:37	24:00	69:16	9:16
22	2022年1月分	2022年1月25日	228:01	21:00	52:08	0:00
23	2022年2月分	2022年2月25日	263:06	24:00	60:24	0:24
24	2022年3月分	2022年3月25日	206:13	20:00	46:13	0:00
36	2023年3月分	2023年3月25日	222:22	20:00	60:30	0:55
			8049:42	724:31	1969:40	53:48

深夜労働 時間数	休日労働 時間数	法内残業 賃金	法外残業 割増賃金	月間60時間 超法外残業 割増賃金	深夜労働 割増賃金	休日労働 割増賃金	月間未払 時間外手当
10:30	24:12	32,540	116,398	0	4,270	53,154	206,362
16:30	5:00	16,676	71,235	0	26,845	8,135	122,891
17:30	59:33	34,167	45,095	0	28,472	96,887	204,621
10:30	35:30	21,557	67,873	0	17,083	57,758	164,271
3:30	8:43	19,930	61,473	0	5,694	14,182	101,279
3:30	0:00	24,730	57,514	0	5,694	0	87,938
0:00	0:00	27,984	56,999	0	0	0	84,983
3:32	19:15	32,865	96,209	0	5,748	31,319	166,141
7:04	32:58	34,438	99,382	1,762	11,497	53,636	200,715
0:00	0:00	29,034	56,535	0	0	0	85,569
0:00	10:11	32,260	54,707	0	0	16,425	103,392
7:10	15:38	32,260	63,498	0	11,559	25,216	132,533
11:42	34:58	37,099	100,436	3,656	18,872	56,401	216,464
3:35	37:41	35,486	97,021	241	5,779	60,783	199,310
3:56	20:15	37,099	109,280	12,500	6,344	32,663	197,886
4:38	10:32	37,099	109,253	12,473	7,473	16,990	183,288
1:45	12:21	35,486	87,612	0	2,822	19,920	145,840
1:24	29:47	41,938	97,532	752	2,258	48,040	190,520
3:45	21:04	37,099	97,801	1,021	6,048	33,980	175,949
3:45	21:04	37,099	95,731	0	6,048	33,980	172,858
5:06	12:21	38,712	111,727	14,947	8,226	19,920	193,532
7:06	23:53	34,020	84,456	0	11,502	38,691	168,669
8:39	26:42	38,880	97,848	648	14,013	43,254	194,643
2:42	0:00	32,400	74,871	0	4,374	0	111,645
4:05	12:00	38,880	78,502	300	3,405	20,400	141,487
186:49	605:38	1,250,672	2,984,677	56,908	251,481	1,306,134	5,549,872

2020 年 4 月分

一日所定労働時間	7:00	休憩時間	1:00

年　月　日	曜日	所定休日	始業時刻	終業時刻	休憩 始	休憩 終	休憩時間	一日実労働時間数	法内残業時間数	法外残業時間数	深夜労働時間数	休日労働時間数
2020/3/16	月		9:00	19:07	12:00	13:00	1:00	9:07	1:00	1:07		
2020/3/17	火		9:00	18:03	12:00	13:00	1:00	8:03	1:00	0:03		
2020/3/18	水		9:00	18:07	12:00	13:00	1:00	8:07	1:00	0:07		
2020/3/19	木		9:00	18:11	12:00	13:00	1:00	8:11	1:00	0:11		
2020/3/20	金		9:00	18:05	12:00	13:00	1:00	8:05	1:00	0:05		
2020/3/21	土	休										
2020/3/22	日		9:00	21:32	12:00	13:00	1:00	11:32	1:00	3:32		
2020/3/23	月		9:00	25:30	12:00	13:00	1:00	15:30	1:00	7:30	3:30	
2020/3/24	火		9:00	20:15	12:00	13:00	1:00	10:15	1:00	2:15		
2020/3/25	水		9:00	21:49	12:00	13:00	1:00	11:49	1:00	3:49		
2020/3/26	木		9:00	18:13	12:00	13:00	1:00	8:13	1:00	0:13		
2020/3/27	金		9:00	21:37	12:00	13:00	1:00	11:37	1:00	11:37		
2020/3/28	土	休	9:00	19:00	12:00	13:00	1:00	9:00				9:00
2020/3/29	日											
2020/3/30	月		9:00	17:00	12:00	13:00	1:00	7:00				
2020/3/31	火		10:30	18:30	12:00	13:00	1:00	7:00				
2020/4/1	水		10:00	21:00	12:00	13:00	1:00	10:00	1:00	2:00		
2020/4/2	木		9:00	17:00	12:00	13:00	1:00	7:00				
2020/4/3	金		9:00	18:14	12:00	13:00	1:00	8:14	1:00	0:14		
2020/4/4	土	休										
2020/4/5	日		9:00	18:35	12:00	13:00	1:00	8:35	1:00	0:35		
2020/4/6	月		9:00	21:41	12:00	13:00	1:00	11:41	1:00	3:41		
2020/4/7	火		9:00	19:27	12:00	13:00	1:00	9:27	1:00	1:27		
2020/4/8	水		9:00	20:11	12:00	13:00	1:00	10:11	1:00	2:11		
2020/4/9	木		9:00	20:32	12:00	13:00	1:00	10:32	1:00	2:32		
2020/4/10	金		9:00	30:00	12:00	13:00	1:00	20:00		14:00	7:00	6:00
2020/4/11	土	休	9:00	19:12	12:00	13:00	1:00	9:12				9:12
2020/4/12	日											
2020/4/13	月		9:00	16:00	12:00	13:00	1:00	6:00				
2020/4/14	火		9:00	18:00	12:00	13:00	1:00	8:00	1:00			
2020/4/15	水		9:00	18:05	12:00	13:00	1:00	8:05	1:00	0:05		
								260:26	20:00	57:14	10:30	24:12

2020 年 5 月分

一日所定労働時間	7:00	休憩時間	1:00

年　月　日	曜日	所定休日	始業時刻	終業時刻	休憩 始	休憩 終	休憩時間	一日実労働時間数	法内残業時間数	法外残業時間数	深夜労働時間数	休日労働時間数
2020/4/16	木		9:00	17:00	12:00	13:00	1:00	7:00				
2020/4/17	金		9:00	17:00	12:00	13:00	1:00	7:00				
2020/4/18	土	休										
2020/4/19	日		9:00	15:35	12:00	13:00	1:00	5:35				
2020/4/20	月		9:00	16:00	12:00	13:00	1:00	6:00				
2020/4/21	火		9:00	17:02	12:00	13:00	1:00	7:02	0:02			
2020/4/22	水		9:00	16:32	12:00	13:00	1:00	6:32				
2020/4/23	木		9:00	17:03	12:00	13:00	1:00	7:03	0:03			
2020/4/24	金		9:00	17:10	12:00	13:00	1:00	7:10	0:10			
2020/4/25	土	休	19:00	30:00	24:00	25:00	1:00	10:00		2:00	6:00	5:00
2020/4/26	日											
2020/4/27	月		9:00	20:15	12:00	13:00	1:00	10:15	1:00	2:15		
2020/4/28	火		9:00	25:30	12:00	13:00	1:00	15:30	1:00	7:30	3:30	
2020/4/29	水											
2020/4/30	木		9:00	21:58	12:00	13:00	1:00	11:58	1:00	3:58		
2020/5/1	金		9:00	21:54	12:00	13:00	1:00	11:54	1:00	3:54		
2020/5/2	土	休										
2020/5/3	日											
2020/5/4	月											
2020/5/5	火											
2020/5/6	水											
2020/5/7	木		9:00	33:00	12:00	13:00	1:00	23:00	1:00	15:00	7:00	
2020/5/8	金		9:00	11:00				2:00				
2020/5/9	土	休										
2020/5/10	日											
2020/5/11	月		9:00	18:43	12:00	13:00	1:00	8:43	1:00	0:43		
2020/5/12	火		9:00	20:11	12:00	13:00	1:00	10:11	1:00	2:11		
2020/5/13	水		9:00	20:32	12:00	13:00	1:00	10:32	1:00	2:32		
2020/5/14	木		9:00	20:32	12:00	13:00	1:00	10:32	1:00	2:32		
2020/5/15	金		9:00	19:12	12:00	13:00	1:00	9:12	1:00	1:12		
								187:09	10:15	43:47	16:30	5:00

第2章

使用者側の抗弁への反論

非労働時間であるとの主張

ポイント

・労働時間の立証責任は労働者にある。

・使用者のよくある反論に適切に対応する。

・できるだけ具体的な残業実態を主張する。

(1)「真面目に仕事していない」という主張

　割増賃金請求においては、労務を提供した事実は要件事実ですので、いつの時点からいつの時点まで労働に従事したかについては、労働者に主張・立証責任があります。

　もっとも、通常は、労働者が始業・終業時刻を主張・立証し、使用者から特段の反論がなければ、その間に労働していたことが推認されます。しかし、多くの事案において、使用者から、「真面目に仕事をしていなかった」とか、「お茶を飲んで休憩していた」など、非労働の主張がなされることがあります。このような主張は、労働者が労務を提供した事実の否認と位置づけられます。

　その場合には、当該労働者が行った業務内容、残業が必要となった事情、残業についての上司や同僚の認識、使用者の対応等について具体的に主張することになります。

　ただし、使用者は労働者に対して指揮命令権を有し、他方で時間管理を行う義務を負っています（労安法66条の8の3）。また、相手方

主張の事実を否認する場合にはその理由を記載しなければならないとされています（民訴規則79条3項）。労働者が始業・終業時刻を立証し、その間の労働内容を主張した場合には、使用者は抽象的に労働者の労働義務の懈怠を主張しても意味はなく、その懈怠の内容（及びその時間）を具体的に主張すべきといえます。そうでない限り、使用者の主張を安易に信用し、労働時間性を否定することは許されないというべきです。

（2）よくある主張の検討

① 「命じていないのに勝手に残業をした」という主張

使用者側のよくある主張の一つに、「残業をするように言っていないのに、勝手に残業した」というものがあります。

しかし、こうした言い分は実務的にはほとんど通用しません。そもそも使用者は労働者から労務を受領しており、その対価（残業代）を請求された段になって、命令していなかったと弁解しても、よほど特殊な事情がない限りは後付けの言い訳にすぎません。

裁判例でも明示の時間外勤務命令がなかったとしても、使用者側で労働実態や時間外に勤務していた事実を認識していれば、時間外勤務の黙示の指示があったとされた例は数多くあります（例として、大林ファシリティーズ事件・最判平成19・10・19労判946号31頁、ピーエムコンサルタント事件・大阪地判平成17・10・6労判907号5頁）。

② 「残業には申請が必要なのに申請していない」という主張

また、使用者側のよくある主張の一つに、残業を申告制や事前申請制にしているとして、「その必要な手続を経ていない残業だから指揮命令下にない残業である」というものがあります。

一見するともっともらしい言い訳ですが、これも結局は、その職場の実態から判断されることになります。

まず、やはり大前提として、仮にそうした手続を経ていなかったとしても、使用者は労働者が提供した労務を受領しているという点があ

ります。もし、こうした申請制や申告制が職場において厳格に運用されていれば、申請のない残業自体が生じることはありません。ところが、実態として、その制度が形骸化していたり、形式的であったり、ただの残業代節約のための方便であったりするからこそ、申請がない残業が行われているのです。そうであれば、使用者が受領した労務の対価を払うのは当然といえます。

　裁判では、実際に残業が申請の有無にかかわらず行われていた実態や、そうした状況を管理職が黙認していたという実態など、具体的に主張していくことになります。

　裁判例では、就業規則上は所定の用紙に残業をすることを記入し、所属長の認め印を要する旨記載されているものの、「事実上、電気工事課の従業員の時間外労働の申告を抑制していたとみるべきことからすると、所定の手続をとっていなかったことをもって、労働時間であることを否定すべきであるとはいえない。」としたかんでんエンジニアリング事件（大阪地判平成16・10・22労経速1896号3頁）などがあります。

③ 「残業は許可制（承認制）だったのに許可（承認）を得ていない」という主張

　次に、残業を許可制や承認制として、「許可や承認がないのに勝手に残業をしたに過ぎないので、労働時間ではない」という主張もなされることもあります。

　しかし、これも「命じていないのに勝手に残業をした」という主張とほぼ同じであり、結局は黙示にでも業務命令があったと言えれば、通用しない言い分となります。裁判例では、就業規則上は承認制であったものの、その承認制の意味は不当な時間外手当がなされないようにする趣旨であったとして、業務命令に基づいて残業がされた場合に、事前の承認がないからといって請求権が失われるものではない昭和観光事件（大阪地判平成18・10・6労判930号43頁）があります。

④ 「残業は禁止していたんだ」という主張

最後に、「残業を禁じていたのにそれに反して残業をしていたんだ」という主張があります。

さすがに禁止している場合は残業代は発生しないかのように思われるかもしれませんが、実態はそう単純ではありません。もし、こうした主張が簡単に通れば、使用者は形だけ「禁止」をしておけば残業代の支払いを容易に免れることができてしまうからです。

裁判例で、禁止していたから支払いを免れた例である神代学園ミューズ音楽院事件（東京高判平成17・3・30労判905号72頁）をみると、同事件では36協定が締結されておらず、36協定が締結されるまで残業を禁止する旨の命令を使用者が繰り返し発し、かつ残務がある場合には役職者に引き継ぐことを徹底していたことが事実として認定され、その上で労働時間性が否定されています。

一方、実態として多いのは、残業禁止命令を発しつつ、労働者が残業を行っているのを使用者が黙認しているケースや、残業しなければできない業務を指示しながら残業を「禁止」しているようなケースであり、こうしたケースでは使用者の指揮命令下の労働として労働時間と認めるべきです。

残業禁止命令が論点となった場合には、残業をする必要性（業務の種類や期限が設定されていれば期限、業務の量など）や残業が生じた場合の使用者の対応（他の者への引き継ぎ、代替措置の有無）などを踏まえて、禁止命令が本当の意味で「禁止命令」となっていないことを具体的に主張していくことになります。

② 固定残業代、各種手当、基本給に包含して支払い済みであるとの主張

ポイント

・固定残業代についての争い方をしっかり把握する。
・固定残業代の有効要件についてケースに即した主張・立証を行う。
・固定残業代が残業代としての実質を有しているかについては様々な要素によって結論付けられるので、幅広い事実を拾う。

（1）固定残業代（残業代の定額払い）とは〜問題の所在

　いわゆる「固定残業代」とは、労働契約において、実際の時間外労働の有無にかかわらず一定額を「残業代」として支払うことをいいます。「残業代（割増賃金）の定額払い制」などといわれることもあります。支払われ方としては、基本給等に組み込んでいる組込型と「○○手当」などとして支払う手当型があります。

　このような「残業代」の支払方法は、労働者・使用者の意識において労働時間と残業代との関連性が曖昧となり、実際の労働時間に見合った残業代が支払われなかったり、労働時間管理がおろそかになり労働時間が長時間化するなど問題が多いものです。また、基本賃金として支払われるべき賃金を「残業代」として払うことによって賃金の低額化を招いたり、残業代を払っていない企業において、将来残業代が未払いだと争われても固定残業代分は支払い済みといえるようにする効果があるなど、労働者にとっては害の多い支払方法といえます。

しかし、多くの企業では、固定残業代によって本来払うべき残業代を免れようとする動きがあり、近年の残業代請求事件においては固定残業代の有効性を争点とする事案が非常に多くなっています。

　固定残業代はケースによって無効とされる場合があり、その場合は、固定残業代として払われた賃金は割増賃金として扱われません。そのため、固定残業代は通常の労働時間の賃金とされ、基礎賃金として扱われることになります。その結果、使用者にとっては、固定残業代が無効となると、既に割増賃金を支払ったという「弁済の抗弁」が崩れるのと同時に、時間単価が増額するという「ダブルパンチ」（白石118頁）となります。そのため、固定残業代が有効か無効かは、使用者が支払うべき残業代額を大きく左右する要素となるため、残業代請求事件では大論点となるのです。

　本節では、固定残業代の有効性について、判例・裁判例を概観しつつ、労働者側の主張のポイントをみていきたいと思います。

　なお、仮に固定残業代が有効だとしても、現実の時間外労働により算出される残業代が固定残業代額を超える場合は、その差額を支払わなければならないのは言うまでもありません。

（2）固定残業代をどうやって争うか

　固定残業代の争い方ですが、固定残業代が争点となった裁判例を整理すると、次の3つに分類できます。

　ⓐそもそも労働契約の内容となっているか否かで争われたもの

　ⓑ支払方法は契約内容ではあるがその効力が争われたもの

　ⓒ支払方法自体が公序良俗違反であるとして争われたもの

　このうちⓑが主戦場で、多くの判例・裁判例が積み上げられてきました。もっともⓐとⓒについてもケースによっては積極的に主張していくべきです。

　また、固定残業代は弁済の抗弁ですから（類型別Ⅰ184頁）、その主張・立証責任は使用者側にあるという点も念頭においておく必要が

あります。

(3) そもそも労働契約内容となっているか？

まず、そもそもその支払方法が残業代の支払方法として契約内容となっているのか、という問題があります。この点がクリアできれば、固定残業代の有効要件を検討するまでもなく、その支払いが残業代であると認定されることはありません。

たとえば、組込型において、そもそも賃金に固定残業代が含まれているという説明がないであるとか、就業規則その他労働契約上どこにも固定残業代であることが説明されていないケースなどが挙げられます。手当型でも、その手当の名称が残業代を想起させない名称であれば同様のことがあり得ます。

裁判例としては、会社説明会や入社説明会で「特殊勤務手当」や「技術手当」が固定残業代であるという説明がされたと認められないとし、かつ、固定残業代について定めている就業規則（賃金規程）についても周知性が認められないとして、固定残業代の有効要件を検討するまでもなく、固定残業代が労働契約内容となっていないとしたPMKメディカルラボほか1社事件（東京地判平成30・4・18労判1190号39頁）があります。

労働者側で固定残業代を争う場合、まずは求人広告・募集要項、労働契約書、就業規則（賃金規程）、その他諸々の資料と労働者本人からの聴き取りを行い、そもそも固定残業代とされている賃金を残業代として支払うという労働契約の内容になっていないという場合は、この点を積極的に主張していくことが大事なポイントとなります。

(4) 有効要件をめぐる争い

次に固定残業代が有効か否かが争われた判例・裁判例についてみていきます。近年、固定残業代の有効性が争われた裁判例は多数ありますが、現在では、その有効要件は、①判別可能性（明確区分）、②対

価性の2点にまとめることができます（白石120頁、類型別 I 184頁）。

① 判別可能性（明確区分性）

（ⅰ）**判別可能性の意義と効果**

判別可能性とは、割増賃金相当部分（残業代部分）とそれ以外の賃金部分とが区別されることで、割増賃金相当部分と通常の労働時間に対応する賃金によって計算した割増賃金とを比較対照することが可能な状態のことをいいます。両者を比較対照できなければ、そもそも割増賃金が法律どおりに支払われたかどうかが労働者にわからないことになってしまうため、労基法37条の趣旨から導かれる要件とされています。

判例では、「割増賃金をあらかじめ基本給等に含める方法で支払う場合においては、（中略）労働契約における基本給等の定めにつき、通常の労働時間の賃金に当たる部分と割増賃金に当たる部分とを判別することができることが必要であ」るとされ（医療法人社団康心会事件・最判平成29・7・7労判1168号49頁。ほか、高知県観光事件・最判平成6・6・13労判653号12頁、テックジャパン事件・最判平成24・3・8労判1060号5頁及び国際自動車事件（第一次）・最判平成29・2・28労判1152号5頁も同旨）、これを欠く場合は固定残業代は無効となります。

したがって、少なくとも、割増賃金相当部分を実際に計算できる程度の情報が労働者に明示されていないと、判別可能性は肯定されません。

（ⅱ）**判別のために必要な情報**

裁判例では、金額と対象時間数の双方の明示があれば判別可能性を肯定するものが多くあります。

金額と対象時間数のどちらか一方のみを明示したような場合は、裁判例の結論は分かれていますが、金額が明示されれば判別ができると考える裁判例が多いようです（肯定した例として、グレースウィット

事件・東京地判平成29・8・25労経速2333号3頁、泉レストラン事件・東京地判平成29・9・26労経速2333号23頁。他方、契約時に金額が明らかでなく、給与明細書上で明らかになったとしても否定した例として鳥伸事件・大阪高判平成29・3・3労判1155号5頁）。

　時間だけの明示の場合は否定例が多いようです（小里機材事件・最判昭和63・7・14労判523号6頁、東京高判昭和63・10・2労判523号14頁、東京地判昭和62・1・30労判523号10頁、ニュース証券事件・東京地判平成21・1・30労判980号18頁）。

　双方とも明示していない場合には判別可能性がないことは当然でしょう（両方の明示がなかったため固定残業代が否定された例として、国際情報産業事件・東京地判平成3・8・27労判596号29頁、山本デザイン事務所事件・東京地判平成19・6・15労判944号42頁）。

　この点、いかなる情報が必要であるかについて、「基本給30万円には1カ月20時間分の時間外労働分に対する固定残業代が含まれる」という定めは、方程式を駆使すれば固定残業代相当額を導くことができるとしても、労働者がそうした計算を毎月行って不足分の支払いの清算を求めるのは妥当ではないとして、この程度の定めでは判別可能性を肯定できないとする見解もあります（詳しくは白石133頁）。本来であれば、労働時間管理をする使用者が、1か月ごとに残業代を計算して、労働者に支払う義務があるのですから、支持できる見解といえます。他方、所定労働時間数が明らかであれば、金額もしくは時間の一方の明示でも計算式により未払分を算出することはできるから判別はでき、割増賃金の支払いとして認めない理由はないとの見解もあります（類型別Ⅰ189頁）。しかし、労基法37条の趣旨から判別可能性が求められていることや、「誰にとっての『判別』可能性要件か」（渡辺輝人『新版　残業代請求の理論と実務』旬報社、2021年、31頁）という観点で考えれば、前者の見解が妥当といえます。

　判別可能性は、労基法37条の割増賃金制度の趣旨から求められる要件ですので、形式的に金額や時間数が明示されていたとしても、労

働者にとってわかりにくかったり、使用者の説明がおろそかであったり、制度が必要以上に複雑であるような場合などは、その判断について積極的に主張をし、勝ち抜いていく必要があります。

(iii) 手当型の判別可能性

判別可能性が問題となる事案の多くは、いわゆる組込型の場合です。そのため、現在は多くの企業は組込型を改め、手当型に移行しています。手当型の場合、金額は明示されることになるので争いになっても判別可能性をクリアできる可能性が高まるためです。

しかし、強引に既存の手当を残業代であると言い張ろうとする事案もあり、そもそもその手当の趣旨が割増賃金の支払いといえないという現象も生じています（後記②の対価性の問題）。

また、そこまで言えないまでも、手当の趣旨が全て残業代の支払いといえないものもあります。たとえば、運賃収入に一定の掛け率を乗じ算出した額を運行時間外手当とした事案につき、当該手当には、通常の労働時間中に従事した業務に係る手当も含まれていると解されるが、通常の労働時間の部分と通常の労働時間外の部分とを判別できないとして、判別可能性を否定した例（シンワ運輸事件・東京地判平成28・2・19労判1136号58頁）があります。

労働者側としては、「○○手当」とされる固定残業代について、そもそも同手当の趣旨はなんであるのかを就業規則等の記載から主張したり、会社側に明らかにさせるなどして、本来的な趣旨と割増賃金支払いの趣旨が混在しているような場合には、手当内における判別可能性がないという主張を展開することになります。

② 対価性

(i) 対価性の意義と考慮要素

対価性とは、固定残業代とされた賃金が、時間外労働に対する対価としての実質を有することをいいます。

この対価性に関する最高裁判決として、日本ケミカル事件最高裁判決（平成30・7・19労判1186号5頁）があります。同判決では、手

当が時間外労働等の対価といえるか否かについては、「雇用契約に係る契約書等の記載内容のほか、具体的事案に応じ、使用者の労働者に対する当該手当や割増賃金に関する説明の内容、労働者の実際労働時間等の勤務状況などの事情を考慮して判断すべきである」として、固定残業代として主張される手当が割増賃金といえるかについての考慮要素を示しています。もっとも、この挙げられている考慮要素は全ての事案において必須の要件・要素ではなく、あくまでもこのケースの労働契約の解釈として考慮した要素であると解説されています（池原桃子『時の判例』ジュリスト1532号79頁。＊池原裁判官は日本ケミカル事件の担当調査官）。

　労働者側としては、この判示を参考にしつつ、事案に即して、労働契約内容の解釈として固定残業代の対価性を否定すべき要素として挙げられるものがあれば、あるだけ目いっぱい挙げていく必要があります。

・前掲日本ケミカル事件
（最判平成30・7・19労判1186号5頁）

　契約書上、賃金について「月額562,500円（残業手当含む）」「給与明細書表示（月額461,500円　業務手当101,000円）」、採用条件確認書上、「月額給与461,500」「業務手当101,000　みなし時間外手当」「時間外勤務手当の取り扱い年収に見込み残業代を含む」「時間外手当は、みなし残業時間を超えた場合はこの限りではない」、賃金規程上、「業務手当、一賃金支払い期において時間外労働があったものとみなして、時間手当の代わりとして支給する」といった記載があった薬剤師の事案で、業務手当が割増賃金の支払いと認められるかが争点となったケースについて、最高裁は、上記の判断手法を示し、本件では、契約書、採用条件確認書、賃金規程の記載や業務手当の金額と労働者の実際の稼働状況とが大きく乖離していないことから、業務手当の支払いをもって割増賃金の支払いとみることができるとした。

（ii）判別可能性と対価性との関係

次に「○○手当（時間外労働○時間相当分）」などとして、一見すると判別可能性を満たしているかに見える手当であっても、実際には時間外労働に対する対価としての性格以外の性格（たとえば職責や成果に対する対価）を併せもっている場合もあり、当該手当内の一部において対価性が否定される場合があります。

この場合、上記①（iii）と重なり、当該手当内で残業代としての賃金相当部分と他の性格の賃金相当部分とを判別できないことになり、それゆえ判別可能性がなく対価性を欠く結論となります。

そうなると、対価性と判別可能性とは、別個の要件ではなく、連続的な有効要件ということになり、訴状や準備書面を書く際に混乱しがちです。しかし、この点の峻別論は学者に任せるとして、訴状や準備書面では若干の重複があるとしても、両者をそれぞれに論じた方が書きやすいので、この点に深入りする必要はありません。

結論として、判別可能性か対価性が否定され、当該手当の固定残業代としての有効性が認められなければ、労働者側の勝利となることに変わりはないからです。

（iii）対価性と「乖離」の関係

さらに、前掲日本ケミカル事件最高裁判決においては、実際の残業時間と固定残業代の対象とされた労働時間が「乖離していない」という点についても判断した上で、対価性を肯定しています。このことは、実際の残業時間と固定残業代の対象とされた労働時間が「乖離している」場合には、対価性が否定されやすいことを示しており、対価性を争点とする事案においては実際の労働時間と固定残業代の対象とされる労働時間とがどの程度乖離しているかは必ずチェックすべきといえます。

この点、固定残業代の対象となる労働時間数が大きく、実際の労働時間が少ない場合は、対価性を否定する要素となるかは事案によって異なるので、注意が必要です（前掲池原ジュリスト参照）。他方、逆

（固定残業代の対象となる労働時間より実際の労働時間が過大）の場合は、後述の清算実態とも重なる議論でもありますが、大いに強調すべきであるといえます。

ただし、前掲日本ケミカル最高裁判決で明らかにされているとおり、あくまでも対価性の有無を考慮する契約解釈の一要素ですので、他の要素も主張していく必要があります。

・WIN at QUALITY 事件

（東京地判平成 30・9・20 労経速 2368 号 15 頁）

「予定される時間外労働等が極めて長時間に及び、原告らの実際の時間外労働等の状況とも大きくかい離するものであることなどからすると、原告らと被告との間の雇用契約において、真に時間外労働等に対する対価として支払われるものとして合意されていたものとは認められない。」とした。

（5）固定残業代が公序良俗違反とされる場合

固定残業代の対象時間が過度に長時間であることを理由に、固定残業代を公序良俗違反だとして無効とした裁判例もあります（イクヌーザ事件・東京高判平成 30・10・4 労判 1190 号 5 頁）。一方、たとえ固定残業代の対象となる労働時間が長くても、その事実は固定残業代の有効性に影響がないとしたものもあり（コロワイドMD（旧コロワイド東日本）事件・東京高判平成 28・1・27 労判 1174 号 76 頁）、裁判例は結論が分かれています（両事件ともに最高裁への上告・上告受理申立ては棄却・不受理決定されています）。

また、固定残業代で残業代を支払いながら 36 協定がなかったり、固定残業代の対象時間が 36 協定における制限時間を超えているケースもあり、これが固定残業代の有効性に影響を与えた裁判例もあります（マーケティングインフォメーションコミュニティ事件・東京高判平成 26・11・26 労判 1110 号 46 頁）。他方で、そのことは影響はないとした裁判例もあり（前掲コロワイドMD（旧コロワイド東日本）事

件)、この点もやはり結論が分かれています。

　ただし、36協定による労働時間の上限については、平成30年成立の働き方改革に関連する法改正で法律上の制限とされました。この点は今後の固定残業代の有効性論争に大きな影響を与えるものといえます。また、36協定で許される上限についての条件も設けられ、これに反した場合は罰則もあることからすれば（労基法36条6項、119条1号）、この法律上の制限を超える残業時間数を前提にした固定残業代は、さすがに無効と解すべきです。

[参考裁判例]

◆無効とした事例

・イクヌーザ事件

（東京高判平成30・10・4労判1190号5頁）

　雇用契約書上、基本給23万円、ただし、基本給のうち8万8000円は月間80時間の時間外勤務に対する割増賃金とするなどと記載され、1か月の時間外労働時間数が80時間を超えた場合や深夜労働をした場合には、時間外割増賃金や深夜割増賃金を別途支払っていた事案について、厚労省の労災認定基準を参照して、基本給のうち一定額を80時間分相当の時間外労働に対する割増賃金とすることは、公序良俗に違反し無効であるとし、本件固定残業代の定めを公序良俗違反で無効とした。この判決の認定するような事実関係の下では合意は無効になるものと考えるべきであるという見解もある（類型別Ⅰ201頁）。

・マーケティングインフォメーションコミュニティ事件

（東京高判平成26・11・26労判1110号46頁）

　固定残業代とされた営業手当はおおむね100時間の時間外労働に対する金額に相当するが、労基法32条・36条の趣旨に反して恒常的に長時間労働を是認する合意があったとは認めがたいので、営業手当の全額が割増賃金の対価としての性格を有すると解釈できないとされた。

・ザ・ウィンザーホテルズインターナショナル事件

（札幌高判平成 24・10・19 労判 1064 号 37 頁）

　本件職務手当が 95 時間分の時間外賃金であるが、労基法 36 条の規定を無意味なものとし、安全配慮義務に違反し、公序良俗に反するおそれもあるというべきであるから、95 時間分の時間外賃金として合意があったとはいえず、45 時間分の通常残業の対価として合意されたものと認めるのが相当とした。やや独特の結論であるが評価する見解もある（須藤典明ほか編『労働事件事実認定重要判決 50 選』立花書房、2017 年、177 頁〔西村康一郎（元東京地裁労働部裁判官）執筆部分〕）。

・ビーエムホールディングスほか 1 社事件

（東京地判平成 29・5・31 労判 1167 号 64 頁）

　時間外労働 82 時間相当として支給されていた手当について、過労死の認定基準や 36 協定の特別条項の上限が 70 時間であることを参照して、かかる合意を無効とした。

◆有効とした事例

・結婚式場運営会社 A 事件

（東京高判平成 31・3・28 労判 1204 号 31 頁）

　職能手当が約 87 時間分の時間外労働等の対価相当額となることについて、労働省の限度基準告示の月 45 時間を超えるものであるが、約 87 時間分の法定時間外労働を義務付けるものではないし、現に原告の法定時間外労働は 21 時間 30 分から 108 時間 22 分まで幅があると認定して、本件特約は定額残業代の定めとして有効であるとした。この判決については、日本ケミカル事件最判にいう「乖離」やイクヌーザ事件判決のいう健康を損なう危険性の観点からは疑問があるとの批判がある（水町 705 頁）。

・コロワイド MD（旧コロワイド東日本）事件

（東京高判平成 28・1・27 労判 1171 号 76 頁）

業務手当が70時間の時間外労働、100時間の深夜労働の対価として支給された事案で、限度基準告示の基準は時間外労働の絶対的上限とは解されず、労使協定に対して強行的基準を設定する趣旨とは解されないし、会社が36協定において月45時間を超える特別条項を定めているから、違法とは認められないとした。この事件については前掲渡辺『新版　残業代請求の理論と実務』69～70頁において批判がなされている。

（6）清算合意と清算実態

清算合意と清算実態については、前掲テックジャパン事件最判の櫻井龍子裁判官の補足意見においても言及されているところですが、これを固定残業代の独自の有効要件とする見解は近年は見られません。また、裁判例においてもこれを独自の有効要件とする見解は近年のものにはないようです。

もっとも、前記したとおり、実際の労働時間が固定残業代の対象時間よりも長時間であることが常態となっているのに、残業代の清算を一切していないという事実は、対価性を否定する要素になり得るので、かかる事実があれば積極的に主張・立証すべきといえます。

（7）固定残業代の形に応じた対処を

固定残業代については多くの企業で導入され、その内容も様々となっています。ある裁判例が出れば、それを「対策」した固定残業代が発生するような状況です。そのため、「こうである」という形はありません。本書の記載や、過去の裁判例の集積はあくまでも参考に過ぎませんので、問題となっている固定残業代がその企業において、また、その労働契約において、一体どのような位置づけとなるのかを見極めながら対処していくことになります。

3　年俸制なので、残業代は支払い済みであるとの主張

ポイント

・時間外手当として支払われている金額が明確に区分されているか、容易に算定されなくてはならない。
・明示もしくは算定された残業代の額が労基法の対価に見合わない場合は差額を請求できる。
・年俸制で賞与が別途支払われている場合は、基礎賃金の算定に注意が必要。

(1) 年俸制と残業代の関係

　年俸制とは、年間の賃金総額や支給方法を予め労使で合意しておく制度です。

　このように年俸制で賃金を決めている場合、使用者から、「年俸制だから時間外手当が含まれている」と主張される場合があり、労働者も同様に理解している場合があります。しかし、これは誤解に基づくもので、年俸制だからといって直ちに時間外手当を支払わなくてよいわけではありません。

　年俸制の場合であっても、契約書や就業規則等によって、時間外手当として支払われている金額が明示されているか、時間外手当として支払われる額が容易に算定可能でなければなりません。なお、年俸制の社員には時間外手当を支給しないという就業規則の規定は労基法

37条に反し無効とされています（システムワークス事件・大阪地判平成14・10・25労判844号79頁）。

このように使用者との間で単に「時間外手当も含めて年俸制で支払う」という合意があったとしても、それだけでは不支給の理由にはなりませんので、契約書や就業規則等をチェックし、前述の条件を満たさない場合には反論しましょう。

裁判例では、年俸制を採用し、年俸には時間外割増賃金、諸手当及び賞与が含まれており、12等分し全て「基本給」名目で支払っていたという事例で、このように時間外割増賃金分を本来の基本給部分と区別して確定することはできないような賃金の定め方は労基法37条違反であるとして残業代の支払いを命じた創栄コンサルタント事件（大阪高判平成14・11・26労判828号14頁）があります（このような残業代の払い方については、前節「固定残業代」についてを参照ください）。

なお、年俸内の残業代部分について区分・算定が可能な場合でも、その額が労基法上の計算による時間外手当に満たない場合は、当然に差額の請求ができます。

(2) 割増賃金の計算方法

年俸制の場合、賞与として支払われている部分を割増賃金算定の基礎賃金として含めるべきかどうか、注意が必要です。

通達では、年俸総額を12で割って月ごとに支払っている場合は、「月給」である12分の1の額が基礎賃金の算定根拠となり、12以上、たとえば16で割って16分の1を「月給」として、残りの16分の4を特定の月に賞与名目で支払っているという場合（たとえば夏と冬に各2か月分ずつを賞与として支払う）でも、年俸総額の12分の1が基礎賃金となる（昭和22・9・13発基17号、平成12・3・8基収78号、上記システムワークス事件参照）としています。すなわち、この場合の年俸者の賞与は、支給額が予め確定しており、労基法12条に

いう「臨時に支払われた賃金」及び「3か月を超える期間毎に支払われる賃金」のいずれにも該当しないので、割増賃金の算定基礎から除外されません。

　たとえば、年間の賃金総額として年俸を640万円と合意した労働者が、月給として毎月40万円、夏と冬に賞与名目で各80万円ずつ支給されている場合、時間単価の算定は、40万円÷月間平均所定労働時間で行うのではなく、640万円の12分の1の額である53万3333円を基礎賃金として、これに月間平均所定労働時間で除して算出することになります。

4 残業代は歩合に含まれて支払い済みであるとの主張

ポイント

・基本的な考え方は固定残業代の有効要件の検討と同じ。
・企業ごとに賃金体系が異なるので担当事案の企業の賃金体系をよく
分析することが大事。

（1）問題の所在

　タクシー運転手やトラック運転手など、歩合給が賃金の中に含まれる給与制度をとっている会社において、しばしばこの歩合給の中に残業代を含めている場合が見られます（これは固定残業代の一種ですので、基本的な考えとしては本章第2節参照）。

　単に歩合給に残業代を含めているだけであれば判別可能性（明確区分）の問題で決着がつきそうなところですが、この論点が複雑なのは、残業代を含めているにもかかわらず、労働時間が長くなってもその「歩合給」が増えないという現象（増加が抑えこまれるという現象）があるためです。この場合、仮に「割増賃金」だとして支払われているとしても、その金銭の支払いが実質的に割増賃金を支払ったといえるのか、という問題も生じることになります。

　こうした賃金体系をとる使用者は、当然ながら反論として残業代は歩合給に含めて支払い済みであると主張してきます。以下、この論点に関連する判例・裁判例に言及しつつ、反論のポイントを考えていき

ましょう。

(2) 判別可能性（明確区分）の問題

　リーディングケースとして、高知県観光事件（最二小判平成6・6・13労判653号12頁）があります。同事件は、タクシーの運転手につき、月々の売上高に一定の歩合を乗じた額が月々の給与として支払われるという契約において、時間外・深夜労働を行った場合においても歩合給が増額されるものではなく通常の労働時間に当たる部分と時間外に当たる部分とが区別できないような場合は、割増賃金が支払われていたとは解されず、別途、割増賃金を請求できるとしました。

　このようにそもそも「歩合給に含まれている」といっても、それが判別できなければこうした支払方法が有効となることはありません。

(3) 賃金体系の分析の重要性

　また、タクシーの乗務員の賃金について、水揚額（売上額）が30万円を超えた場合は、超えた部分の47％を歩合給として支給し、かつ、一定額（「超勤深夜手当定額」4万8400円を含む約13万円）を固定額として支払う（超えない場合は固定額がなく、水揚額の30％が支給される）という賃金体系の下、使用者から「超勤深夜手当定額」には時間外・深夜割増賃金が含まれるとの主張がされた事案において、同手当の算定根拠が不明であることや、賃金明細書の記載から同手当が割増賃金の実質を有するとはいえないとして、時間外・深夜賃金を固定額に含める合意はなかったとしたものがあります（徳島南海タクシー（割増賃金）事件・高松高判平成11・7・19労判775号15頁）。

　ほかにも三和交通（歩合給等・付加金）事件（札幌高判平成24・2・16労判1123号121頁）では、賃金内訳として、①基準内賃金、②歩合給、③時間外・深夜手当、④歩合割増給、⑤休日出勤とされているが、実際の計算上は完全歩合制になっているとして、労働者が時間外

労働や深夜労働を行っても増額する仕組みになっておらず、場合によっては減額にもなり得るとして、労基法37条の趣旨を潜脱しているとして、割増賃金としての支払いを認めませんでした。

その他、洛陽交運事件（大阪高判平成31・4・11労判1212号24頁）では、「本給」が最低賃金額に抑えられ、「基準外手当Ⅰ」「基準外手当Ⅱ」が残業時間数とは無関係に月間収入額を基に一定割合を乗じて算定され、使用者が法定計算による割増賃金額を算定して「基準外手当Ⅰ」「基準外手当Ⅱ」との比較をすることもなくこれらを支給し、求人情報でも月給が固定給に歩合給を加えたものであるように示され、割増賃金が出ることが示されていなかったことなどから、「基準外手当Ⅰ」「基準外手当Ⅱ」に割増賃金の性質を含む部分があるとしても、通常の労働時間の賃金部分と判別できないとしました。

これらの裁判例は、いずれも当該企業での賃金体系を分析し、その結果を固定残業代の判別可能性、対価性の要件に照らして、勝ち取られたものです。どれもケースバイケースの事案です。

(4) 国際自動車事件（第二次）（最判令和2・3・30・民集74巻3号549頁）

こうした様々な裁判例がある中で、国際自動車事件について最高裁判決が複数出されました。国際自動車事件（複数ありますが、そのうちの1件）は、元々は賃金体系自体を公序良俗に反するとして地裁で労働者側が勝利し（東京地判平成27・1・28労判1114号35頁）、これが高裁でも維持され（東京高判平成27・7・16労判1132号82頁）、最高裁へ上告されました。そうしたところ、最高裁で公序良俗に反するものとはいえないとして差し戻され（最判平成29・2・28労判1152号5頁）、差戻審高裁判決（東京高判平成30・2・15労判1173号34頁）では、支払方法として通常の賃金から算出される割増賃金と判別できているとして労働者側が敗訴した事案で、再度上告審に上がった事件です。

同事件は、時間外労働に対して割増賃金が支払われる一方、歩合給

の計算に当たり割増賃金相当額を控除する仕組みを採っているケースで、時間外労働を行っても賃金総額が増えず割増賃金が支払われていない状態と同じになる賃金規則の有効性について争われたものでした。二度目の最高裁では本件賃金規則の定める上記の仕組みは、その実質において、出来高払制の下で元来は「歩合給（1）」として支払うことが予定されている賃金を、時間外労働等がある場合には、その一部につき名目のみを割増賃金に置き換えて支払うこととするものというべきとされ、「本件賃金規則における割増金は、その一部に時間外労働等に対する対価として支払われるものが含まれるべき部分を相当程度含んでいる」とし、「割増金として支払われる賃金のうちどの部分が時間外労働等に対する対価に当たるかは明らかでないから、本件賃金規則における賃金の定めにつき、通常の労働時間の賃金に当たる部分と労働基準法 37 条の定める割増賃金に当たる部分とを判別することはできない」ため、「労働基準法 37 条の定める割増賃金が支払われたということはできない」とされ、さらに差し戻されたのです（労働者側勝利。この時、他の 2 つの国際自動車事件も判決が出ていますので労判 1220 号を参照してください）。

　数奇な運命をたどった同事件ですが、その後も、歩合給と残業代の論点ではトールエクスプレスジャパン事件（大阪高判令和 3・2・25 労判 1239 号 5 頁）が出ており、一般労働者には理解しがたい賃金体系の細かい違いで、国際自動車事件と結論が異なるなど、歩合給に含めて残業代を払うという手法については、ケースバイケースで結論が異なる状況です。

（5）企業ごとの賃金体系をよく分析すること

　いずれにしてもこの論点に挑む場合は、少なくとも本節に挙げた判例・裁判例をよく分析した上で、かつ、当該企業の賃金体系を分析する必要があります。

　特に勝敗を分かつのは分析した結果をどう意味づけるかにありま

す。複雑な事案が多いですが、労基法37条の趣旨（長時間労働を抑制するという趣旨）や、固定残業代とされている賃金の性質など、論ずるポイントを押さえつつ主張を行うことになります。

・トールエクスプレスジャパン事件
（大阪高判令和3・2・25労判1239号5頁）

　職務給、能率手当及びその他の手当が基準内賃金を構成する賃金体系において、能率手当以外の基準内賃金を元に算出した時間外手当Aと、業務量によって算出される「賃金対象額」（これ自体は賃金項目ではない）とを比較して、「賃金対象額」が時間外手当Aを上回る場合に、その上回った部分を元に能率手当を算出し、その能率手当を基礎賃金として時間外手当Bを算出しているところ、「賃金対象額」から時間外手当Aを控除することは、労基法37条所定の「通常の労働時間」に対する賃金である能率手当を時間外手当Aによって減じるものであるから、これは割増賃金を経費とみて実質的に労働者に負担させているものであり、労基法37条の趣旨に反するとして、割増賃金の一部が未払いであるとしてその請求をした事案です。

　裁判所は、労働契約において通常の労働時間の賃金をどのように定めるかについて法は規定していないとして、本件では、能率手当と時間外手当Bは判別できること、「賃金対象額」から時間外手当Aを控除して能率手当を算出する方法は、「賃金対象額」は賃金計算のための数字であり「通常の労働時間」に対する賃金ではないからこのような賃金計算でも法の趣旨に反しないこと、これにより時間外労働が増加しても賃金総額が変わらないという現象が生じてしまったとしてもそれ自体は法の趣旨に反しないなどとして、請求を認めませんでした。

　本判決は、時間外労働をしても賃金総額が増えないという点では国際自動車事件と同じではあるものの、「賃金対象額」が賃金ではなく賃金算出上の数字に過ぎないとしたことは、「歩合給(1)」という賃金

から割増賃金相当額を控除していた国際自動車事件とは事案を異にしていますので、事例判断であり、先例性は低いものといえます。

この判決の結論は疑問ですが、この事件から導かれる教訓としては、かなり詳細なところまで賃金構造・体系を把握し、問題となる手当のその中での位置づけやその他諸々の事情を拾い上げて、それが法の趣旨に反することを論証しなければならないということです。

今後、国際自動車事件と本判決との分析が進むこと、また、新たな事案での判断が出るなどで、いっそうの整理が進むものと思われる分野といえます。

5 適用除外（管理監督者等）に当たるとの主張

（1）適用除外に当たるという抗弁とは

① 適用除外者と除外される規定

使用者は、残業代の支払義務がないとする根拠として、当該労働者は「適用除外」に当たる、と反論する場合があります。

労基法41条及び41条の2は、以下の4類型の労働者につき、労働時間に関する一部の規定を適用しない、としています。これらの者は、事業や業務の特殊性から、かような規定の適用になじまない（適用されなくても保護を欠かない）とされるためです。

・農業・水産業従事者（41条1号）
・管理監督者及び機密事務取扱者（41条2号）
・監視・断続的労働従事者（41条3号）
・高度プロフェッショナル制度の対象労働者（41条の2）

割増賃金制度が法定労働時間を遵守させ、過重な労働に対する労働

者への補償を行うことが趣旨であることから（静岡県教職委事件・最判昭和47・4・6民集26巻3号397頁）、その適用を除外する41条各号は限定列挙と解されています（類型別Ⅰ249頁）。

　最もよく用いられる反論は、当該労働者が「管理監督者」に当たる、とする抗弁です。中には、どう考えても、「管理監督者」に当たるとは思えないのに、無理矢理、後付けで抗弁として主張される、というケースも少なくありません。しかし、「管理職≠管理監督者」であり、「管理監督者」の範囲はかなり狭いものです。このことは、日本マクドナルド事件（東京地判平成20・1・28労判953号10頁）以来、広く知られるところとなりました。

　適用除外となる範囲は以下のとおりです。

労基法41条1号〜3号の者

> 「第四章、第六章、第六章の二で定める労働時間、休憩及び休日に関する規定」

高度プロフェッショナル制度適用者

> 「この章（＝第四章）で定める労働時間、休憩、休日及び深夜の割増賃金に関する規定は、対象労働者については適用しない」

②　41条各号該当者について

　41条と高度プロフェッショナル制度（以下「高プロ」）とでは規定ぶりが違うことがわかります。

　41条の場合は、「労働時間、休憩及び休日に関する」ものに限定しており、「深夜」に関する規定は適用除外の対象となりません。

　これは、労基法において「深夜業」は「労働時間」とは区別され、「深夜業」についてはそれ独自の規制がなされているからです。よって、「深夜業」に関する規定（深夜割増賃金に関する37条4項、年少者及び妊産婦の深夜業禁止に関する61条及び66条3項）は、41条各号に該当する者については適用除外となりませんので、仮に「適用

除外者」となったとしても深夜割増賃金の請求は可能となります。

　41条各号該当者について、具体的に適用除外となるのは、次のとおりです。

> 労働時間関連：労基法 32 条ないし 32 条の 5（労働時間）、40 条（労働時間及び休憩の特例）
> 　　　　　　　36 条（時間外労働についての協定）、60 条（年少者の労働時間の制限）
> 休憩関連：労基法 34 条（休憩）、40 条（労働時間及び休憩の特例）
> 休日関連：労基法 35 条（休日）、33 条（災害等による臨時の必要がある場合の時間外労働等）
> 　　　　　36 条（休日労働についての協定）

　なお、「労働協約、就業規則その他によって深夜業の割増賃金を含めて所定賃金が定められていることが明らかな場合には、その額の限度では、深夜業の割増賃金を支払う必要はない」（ことぶき事件・最判平成 21・12・18 労判 1000 号 5 頁、昭和 63・3・14 基発 150 号、平成 11・3・31 基発 168 号）とされています。この場合でも、最低賃金を下回ることはできませんので、割増分と通常の労働時間に対する賃金部分とを算出して、確認する必要があります。

③　高プロ適用者について

　一方、高プロ適用者は深夜の割増賃金も含めて、全ての割増賃金に関する規制の適用が除外されます。

　したがって、高プロの適用があるとされた労働者については、残業代請求はできないということになります。

　そのため、同制度適用自体を争うという類型の紛争となりますが、同制度を適用するためには詳細な要件をクリアする必要があります（詳しくは本節（3）⑤参照）。

④　適用除外者に対しても、労働時間把握義務はある

　使用者には、労働者の労働時間を適正に把握する責務（労安法 66 条の 8 の 3）があることについては、第 1 章第 3 節で述べたとおりです。これにより、管理監督者などの適用除外者についても労働時間を把握することが法律上明記されました。

　これまでは、使用者が、当該労働者について管理監督者扱いをしていたゆえに労働時間を把握していないとして、労働者側が労働時間の立証に窮する場面もありました。今後は、この責務に基づく労働時間記録を出させるなどが考えられ、労働時間立証について変化が起きることが期待されます。

（2）管理監督者に当たるという抗弁への対応

　適用除外の抗弁のうち、圧倒的に多いのが、「事業の種類にかかわらず監督若しくは管理の地位にある者」（以下、「管理監督者」といいます）（労基法 41 条 2 号）であるという抗弁です。

① 「管理監督者」とは

　使用者は、当該労働者が「管理職」であれば、とりあえず管理監督者の抗弁を主張してくる傾向があります。しかし、管理職と管理監督者はイコールではありません。

　管理監督者とは、事業者に代わって労務管理を行う地位にあり、労働者の労働時間を決定し、労働時間に従った労働者の作業を監督する者をいいます（菅野 491 頁）。

　行政解釈では、「労働条件の決定その他労務管理について経営者と一体的な立場にある者」の意であり、名称にとらわれず、実態に即して判断すべき、とされています（昭和 22・9・13 発基 17 号、昭和 63・3・14 基発 150 号。以下「基本通達」といいます）。

　管理監督者につき、労基法、労基則には具体的な内容を定めた規定はないものの、裁判例及び行政実務においては、概ね 3 つの考慮要素で判断しています。以下、②（ⅰ）〜（ⅲ）で見ていきます。

② 判断のポイント

（ⅰ） 職務の内容・権限・責任

　裁判例では、「肩書き」等、役職の名称は重視されず、実際の職務内容及び権限・責任から判断されています。おおむね、㋐経営への参画状況、㋑労務管理上の指揮監督権、㋒実際の職務内容を考慮要素として、個別具体的に判断しています（福島政幸「管理監督者性をめぐる裁判例と実務」2011 年、判タ 1351 号 45 頁）。

　たとえば、スタジオツインク事件（東京地判平成 23・10・25 労判 1041 号 62 頁）では、「従業員兼務取締役」であった労働者は、取締役の身分で役員会に出席していたものの、部門業務の進捗を報告する程度であったことから、管理監督者に当たらないと認定されています。同様に、ゲートウェイ 21 事件（東京地判平成 20・9・30 労判 977 号 74 頁）では、「銀座支店長」の職位であった労働者について、実際には支店における組織の編成等について、そもそも支店には決定権限はなく、全て本社からの指示に基づくなどの点から管理監督者に当たらないとされています。

　その他、HSBC サービシーズ・ジャパン・リミテッド（賃金等請求）事件（東京地判平成 23・12・27 労判 1044 号 5 頁）では、「バイス・プレジデント」との肩書きであっても管理監督者性が否定されるなど、裁判例では実際の職務内容、権限及び責任から判断されています。

　仁和寺事件（京都地判平成 28・4・12 労判 1139 号 5 頁）では、料理長について、寺の意思決定にかかる会議に出席しておらず、寺の一部門が掌握する施設内で調理業務を担当し、部下も 5 人と少数であったことが認定され、管理監督者性が否定されています。

　なお、有名な裁判例としては、前掲日本マクドナルド事件があります。この事件は、「チェーン店店長」が管理監督者に当たらないとした判決が当時注目されました。同事件では、職務権限が店舗内の事項に限られ、企業全体の経営方針等への決定過程に関与していない点が

認定されています。チェーン店の店長としては、その後、プレナス（ほっともっと元店長B）事件（大分地判平成29・3・30労判1158号32頁）など複数の裁判例が出ていますので適宜参照してください。

（ⅱ）出退勤をはじめとする労働時間についての自由度

ここでは、実際にどの程度労働者の始業終業時刻が管理されていたのかが問われます。特に、遅刻、早退等の場合に賃金控除されているようなケースは、自由度はかなり低いといってよいでしょう。他方で、先に述べたとおり、使用者は労働者の健康に配慮するために、管理監督者であっても時間管理は行います。したがって、ただタイムカードを打刻しているというだけでは、本要素を否定することにはなりません。ここではタイムカード打刻の目的が、勤怠としての労働時間管理にあることを主張する必要があります。また、タイムカードなどの時間管理のみならず、日々の業務報告、業務遂行の裁量性、遅刻した場合の注意・叱責の有無、遅刻・早退するには承認が必要かどうかなど具体的運用、労働時間を本当に自由に当該労働者が処分しているかなど、他の事情も主張していく必要があります。

裁判例では、前掲ゲートウェイ21事件では、「銀座支店長」は、パソコン上の勤務管理シートに時刻を入力することとされ、早い時刻から遅い時刻まで、営業に関する報告をするよう社長から電話等で指示があったこと、外出時には所在をホワイトボード等に記載していたことなどをとらえ、時間管理をされ、出退勤の十分な裁量はなかった、としています。前掲日本マクドナルド事件では、勤務態様について、店長として固有業務を遂行するだけでなく、自らシフトマネージャーとして現場業務にも従事しなければならず、勤務態勢上の必要性から長時間の時間外労働を余儀なくされる状況であった点等をとらえて、自由度について否定的に判断しています。前掲仁和寺事件では、出退勤時刻は労働者の判断に委ねられていたものの会館で提供する料理の調理を行うことが業務であるため自ずと労働時間が決まることなどから裁量性が否定されています。

（ⅲ）その地位と権限にふさわしい待遇

ここでは、基本給、その他手当、賞与等の一時金など、一般労働者に比して優遇されているかがポイントです。具体的には、㋐社内における収入額の順位、㋑下位職種との比較、㋒実際の額などが考慮要素となります（前掲福島判タ）。もっとも、管理監督者でなくとも高賃金の労働者はいるため、あくまでも地位と権限にふさわしい待遇かが問われるのであり、職務・責任に対する対価として高待遇であったとしても、ただちにこの要素が否定されるものではありません。

また、管理監督者扱いされた労働者の残業時間を考慮すると、時間単価が部下より低かったり、管理監督者扱いされる前の方が残業代が支給されるため賃金額が高かったりする場合がありますが、こうした場合は、とても「ふさわしい待遇」とはいえません。

裁判例では、前掲スタジオツインク事件では、月額40万円という給与額は、労働時間等の規制を超えて活動することを要請されてもやむを得ないといえるほどに優遇されているとまではいえないこと、特に、この給与額は、現業的業務をもって会社の売上面で大きく貢献していた点を重視してのものと推認され、従業員の管理監督に対する対価という面が希薄、としています。また、前掲ゲートウェイ21事件では、給与総支給額に変動があっても（27万円前後から100万円前後）、これが成績見合いで変動する歩合給というべき場合には、管理監督者という地位に対する対価とみるべきではない、としています。その他、前掲HSBCサービス・ジャパン・リミテッド（賃金請求）事件では1250万円の年俸とそれとは別に賞与が出る労働者であっても管理監督者性が否定されています。

③　肯定した裁判例

管理監督者性を争った裁判は無数にのぼりますが、管理監督者を肯定した例はあまりありません。比較的近年の裁判例をいくつか紹介します。管理監督者として肯定された裁判例においても前記②（ⅰ）〜（ⅲ）を検討し、総合判断で結論を出していることがわかります。

・姫浜タクシー事件

（福岡地判平成 19・4・26 労判 948 号 41 頁）

　「営業次長」について、（ⅰ）の点は、2000 名余の乗務員を直接指導監督していたこと、同人が面接を行い、専務面接に進んだ者に不採用者はなかったこと、経営協議会のメンバーであり、専務に代わって会社代表として対外的な会議等へ出席していたことが認定され、（ⅱ）の点は、出退勤につき、社内の唯一の上司というべき専務から何ら指示を受けず、会社への連絡だけで出先から帰宅できる状況であったこと、（ⅲ）の点は、会社従業員中最高額の給与であったことを認定した。

・日本ファースト証券事件

（大阪地判平成 20・2・8 労経速 1998 号 3 頁）

　大阪支店支店長である労働者につき、（ⅰ）の点については、大阪支店支店長として 30 名以上の部下を統括する地位にあり、責任者会議（各支店長、部長、役員）に出席し、同支店の経営方針を定めていたこと、中途採用の採否の実質的権限、係長以下の人事決定権限などがあったこと、（ⅱ）の点については、出退勤の有無や労働時間は報告・管理の対象外だったこと、（ⅲ）については、月 25 万円の職責手当を受けて、賃金額も店長以下のそれより格段に高いことなどから、管理監督者性を肯定した。

・日本構造技術事件

（東京地判平成 20・1・25 労判 961 号 56 頁）

　取締役技術本部長の後、技術部長となった者（X1）のほか、同部次長、課長ら、総勢 19 名のうち、唯一、X1 が取締役として経営会議に参加していた（前社長現顧問、社長、X1 のみ。経営の重要事項であるリストラの方針決定に参画）時期に限定し、管理監督者性が肯定された。なお、X1 の同時期以外及びその他全員については、（ⅱ）の点につきタイムカードや労働時間のデータ管理がなされ、時間的拘束を受けていた様子がうかがえるとして、管理監督者性が否定された。

・ことぶき事件

（東京高判平成 20・11・11 労判 1000 号 10 頁）

　元理美容店総店長について、（ⅰ）につき、ナンバー２の地位にあり、高齢な社長を補佐し、人事その他経営事項の最終決定は社長であるものの、重要事項につき実際に意見を聞かれていたこと、（ⅱ）については、営業時間に合わせた出退社については理美容業務担当からくる合理的制約であるとし（一審は時間外労働を一日１、２時間程度と認定）、（ⅲ）については、賃金が他の店長の 1.5 倍程度、手当が他の店長の３倍であったことから肯定した。

・ハヤシ事件

（福岡高判平成 21・1・30 判時 2054 号 88 頁）

　当該労働者が、製造部長であったところ、（ⅰ）については、代表者、工場長に次ぐナンバー３の地位であったこと、外注の発注権限を有し、製造部従業員の労務管理を行っていたことを認定、（ⅱ）については、タイムカードの打刻や日報の勤務時間の記載は時間管理を目的としたものではなく、勤務時間が判断に任されていたと認定、（ⅲ）については、月額約 45 万円の賃金が他の従業員より「かなり高額」であったことと認定して、管理監督者性を肯定した。

・セントラルスポーツ事件

（京都地判平成 24・4・17 労判 1058 号 69 頁）

　エリアディレクターであった労働者について、（ⅰ）について、エリアディレクターは 25 エリアのうちの１つを統括する者で、現業部門においては営業部長、次長に次ぐ地位であること、エリア内の人事権、人事考課、労務管理、予算管理などの権限を有すること、営業部会議に出席し実質的な討議に参加していること等を認定し、（ⅱ）については非管理監督者で一番上位の副店長の待遇に比べて大幅に高額であること等を認定し、（ⅲ）については遅刻、早退、欠勤でも賃金控除がないこと、勤務時間内に自由に離脱していること等が認定され、管理監督者に該当するとされた。

④　管理監督者の抗弁に対する主張立証のポイント

（ⅰ）**職務の内容・権限・責任について**

権限や業務内容を示すものとして、契約書、業務内容説明書、目標設定に基づく人事評価シートなどが典型的書証です。

また、経営参画の有無や職位については、経営会議に参加していないのであれば同会議のメンバー及び自身は参加していない旨主張します。同会議メンバーである場合は、実質的な決定権限は有していない旨の主張となります（議決権はあるか、最終決定権者は誰か、自身は報告にとどまるか、形式的なメンバーとなっていただけか等）。書証として考えられるのは、組織図、職務分掌規程、会議議事録、報告書等があります。各職位の人数などがわかるものがあればそれも証拠となり得ます。

人事権や労務管理の点は、採用、人員配置、人事評価権限がないこと、あるいはあったとしても、決定権限がない旨を具体的に主張することになります。これについては、組織図、職務分掌規程、実際の採用に関する上司とのメールなどが証拠として考えられます。

（ⅱ）**出退勤をはじめとする労働時間についての自由度について**

時間管理（労働時間拘束性）の具体的態様について裁判官にイメージを持ってもらうことが重要です。

タイムカード等実労働時間を示す書証を提出することはもちろんのこと、具体的な就労時間につき、書面で指示・注意された場合は、業務内容指示書・メールやその具体的内容（時間外の朝礼、勉強会の実施通知・レジュメ）などが考えられます。

遅刻・欠勤により賃金控除されている場合は、給与明細などをもって示すことになります。

具体的指示などがなくとも、職務上時間的拘束を受けてしまうのであれば、その業務内容を示す資料を提出します。

（ⅲ）**その地位と権限にふさわしい待遇**

自身の社内における賃金水準を示すべく、各職位の賃金額がわかる

と立証は極めてスムーズになります。社内に労働組合がある場合には
その分布を尋ねるのは一つの手です。少なくとも自身の部下の賃金額
との比較は示したいところです。逆転現象が生じているか、職務の差
異とは不相応に差が少ない場合は、管理監督者性が否定されやすくな
ります。

　また、高水準の賃金でも、それが職位の対価ではなく成果や職務の
対価である場合はその旨を主張すべきとなります。

　労働時間があまりに多くて質的にも過酷な場合などは、相応の待遇
でないとして、否定される場合もあります。労働の加重性の主張もす
ることが有益です。

　書証としては、管理監督者扱いされる前後の給与明細書や源泉徴収
票などが典型的です。

(3) その他の適用除外者に当たるとの抗弁

　労基法41条は管理監督者以外にも適用除外者を以下のとおり定め
ています。

① 農業等従事者

　農業・畜産・養蚕・水産の事業従事者は、天候・季節等の自然条件
に左右されやすい事業であるという性質上、一律に労働時間を規律す
ることが望ましくないことから、適用除外とされています（労基法
41条1号）。

② 機密事務取扱者

　「事業の種類にかかわらず、機密の事務を取り扱う者」（機密事務取
扱者）は適用除外とされています（同条2号後段）。

　機密事務取扱者とは、「秘書その他職務が経営者又は監督若しくは
管理の地位に在る者の活動と一体不可分であって、出社退社等につい
ての厳格な制限を受けない者」（昭和22・9・13発基17号）をいいま
す。社長の筆頭秘書のように、経営者を陰で直接支えるために経営者
と同じ行動をすることが業務の人のことを指すので、該当者は極めて

限られるといえます。

③　監視・断続的労働従事者

「監視又は断続的労働に従事する者で、使用者が行政官庁の許可を受けたもの」（監視・断続的労働従事者）も適用除外とされています。（同条3号）

（ⅰ）監視・断続的労働従事者とは

監視労働とは、一定の部署にあって監視するのを本来の業務とし、常態として身体または精神的緊張の少ない労働をいう、とされています（昭和22・9・13発基17号、昭和63・3・14基発150号）。「常態として」というのがポイントです。

「断続的労働に従事する者」とは、実作業が間欠的に行われて手待時間の多い労働のことであり、手待時間が実作業を超えるかまたはそれと等しいことが目安とされています（昭和22・9・13発基17号、昭和23・4・5基発535号、昭和63・3・14基発150号）。

具体例としては、守衛、小中学校の用務員、高級職員専用自動車運転者、団地管理人、隔日勤務のビル警備員などが考えらえます。

なお、行政官庁の許可が適用除外の効力発生要件なので、そもそも使用者がこの許可を得ているかを確認しましょう。許可なしに、8時間を超えて労働させた場合には、使用者は法定労働時間違反の責任を問われるとともに、時間外労働の割増賃金を払わなければなりません。

④　宿・日直勤務について

（ⅰ）宿・日直勤務 ≠ 監視・断続的労働

監視・断続的労働と類似のものとして、宿・日直勤務があります。

宿・日直勤務は、所定労働時間外または休日における勤務の一態様にすぎず、適用除外者である「断続的労働従事者」とは異なることをまず注意すべきです。

宿・日直勤務は、当該労働者の本来の業務は処理せず、定期的巡視、緊急の文書または電話の収受、非常事態発生の準備等を目的とする職務のために待機するものであって、常態としてほとんど労働する

必要がない勤務をいうと解されます（白石163頁）。

　本来、断続的労働とそうでない労働とに一定日数ごとに交互に従事するような者は「常態として」とはいえません（昭和63・3・14基発150号）。

　そのため、平常勤務者が平常勤務のかたわら従事する断続的労働である、宿・日直の場合、「常態として」とはいえない以上、適用除外者である「断続的労働従事者」に当たらないということになります。

（ⅱ）労基則23条に基づく所属労基署長の許可が必要

　労基則23条は、宿・日直勤務でかつ断続的な業務である者については、所属労基署長の許可をもって、労基法32条（1日8時間、1週間40時間労働の原則）に限り、その適用を除外する旨、規定しています。

　この許可については、通達によって、勤務内容、頻度、睡眠設備等の条件（「ほとんど労働をする必要がない勤務」、「昼間と同態様の労働に従事することが稀」など）が設定されており（昭和22・9・13発基17号、昭和63・3・14基発150号）、この条件に当たらなければ、許可は得られません。

（ⅲ）宿・日直勤務時間全部につき割増賃金請求が認められた例

・奈良県（医師・割増賃金）事件

（大阪高判平成22・11・16労判1026号144頁）

　産婦人科医の宿・日直勤務につき、同勤務中に救急患者の対応等が頻繁になされ、夜間において十分な睡眠時間が確保できないなど、常態として昼間と同様の勤務に従事する場合に該当するとして、上記通達の基準を充足せず、従事した宿・日直勤務時間の全部について割増賃金の請求が認められた。

（ⅳ）労基署長の許可の適法性を争った例

・中央労基署長（大島町診療所）事件

（東京地判平成15・2・21労判847号45頁）

　病院の看護師の宿・日直勤務につき、上記通達の条件に適合する就

労実態になっていなかったところ、中央労基署長が漫然と許可を出した点につき、同署長としては、許可基準に合致するか否かについて、慎重に調査を尽くすべき職務上の注意義務があったのにこれを怠った点が違法であるとして、国家賠償請求が認められた。

⑤　高プロ適用者

　高プロ制度（労基法41条の2）は、高度の専門的知識等を有し、職務の範囲が明確で一定の年収要件（1075万：同条1項本文、労基則34条の2第1項）を満たす労働者を対象として、労使委員会の決議及び労働者本人の同意を前提として、年間104日以上の休日確保措置や健康管理時間の状況に応じた健康・福祉確保措置等を講ずることにより、労働基準法の労働時間、休憩、休日及び深夜の割増賃金に関する規定を適用しない制度です。

　高プロ制度の適用要件は厳格で、対象労働者の書面その他厚生労働省令で定める方法による同意に加えて、㋐労使委員会が設置された事業場で5分の4以上の多数で10項目（1.対象業務、2.対象労働者の範囲、3.対象労働者の健康管理時間を把握すること及びその把握方法、4.対象労働者に年間104日以上且つ4週間を通じ4日以上の休日を与えること、5.対象労働者に法所定の健康確保措置のいずれかを講ずること、6.対象労働者の健康管理時間の状況に応じた健康・福祉確保措置、7.対象労働者の同意の撤回に関する手続、8.対象労働者の苦情処理措置、9.同意をしなかった労働者に不利益な取扱いをしてはならないこと、10.その他厚生労働省令で定める事項）の決議と、㋑当該決議の所轄労働基準監督署へ届出が必要とされています。

　高プロ適用者が残業代請求をするためには、その適用がなかったことを主張立証する必要がありますので、上記要件を欠いていないか丹念に調査する必要があります。

変形労働時間制であるとの主張

ポイント

・変形労働時間制は、一定の期間内で、特定の日や週について法定労働時間を超える所定労働時間を設定できる。
・厳格に定められた要件を全て満たさなければ違法になるので、要件を正確に把握する。
・所定労働時間を超えて働いた場合は、残業代請求ができる。
・所定労働時間と法定労働時間を両方超えた場合は割増請求もできる。

(1) 変形労働時間制とは

　変形労働時間制とは、一定の期間（1か月以内、1年以内または1週間。変形期間という）につき、1週間当たりの平均所定労働時間が法定労働時間を超えない範囲内で、1週または1日の法定労働時間を超えて労働させることができる制度です。すなわち、変形期間を平均して、1週間当たりの所定労働時間が40時間（原則）以内に定められていれば、予め所定労働として特定された日や週の特定された時間の範囲で1日8時間、1週40時間を超えた労働についても、労働者は労働義務を負い、割増賃金も支払われません（労基法32条の2〜同条の5）。

　ただし、後述のとおり、所定労働時間を超えて働いた場合には、当然、残業代が発生しますので、残業代が発生しない制度ではない点に

つき、誤解しないようにしましょう。

　変形労働時間制は、「労働者の生活設計を損なわない範囲内において労働時間を弾力化し、週休2日制の普及、年間休日日数の増加、業務の繁閑に応じた労働時間の配分等を行うことによって労働時間を短縮することを目的とするもの」とされています（昭和63・1・1基発1号）。

（2）変形労働時間制に対する主張・立証のポイント

　変形労働時間制は、所定労働時間をより自由に変形して配置することができるという使用者にとってのメリットがある反面、法定労働時間規制の例外を認めるものですから、労働者の健康や生活設計が損なわれるおそれもあります。そのため、変形労働時間制の導入には、厳格な要件が定められています。

　要件が多岐にわたるため、実務上は、変形労働時間制と称しながら要件を満たしていないケースが数多くみられます。ですから、変形労働時間制が問題となるケースでは、まず就業規則等の規定を厳密にチェックし、法が定める要件に漏れがないか検討しましょう。要件を満たさない違法な変形労働時間制は無効ですから、その場合には原則どおり法定労働時間を超えた残業について法外残業を請求すればよいのです。

　要件を満たす適法な変形労働時間制が採られている場合には、同制度下における残業代の計算を行います（後記（7）に計算方法）。

　以下、変形期間ごとに要件をみていきましょう。

（3）1か月単位の変形労働時間制の要件

　1か月単位の変形労働時間制とは、1か月以内の期間を平均して各週の所定労働時間を決める制度で、労基法が規定する変形労働時間制のうち基本的なものです（労基法32条の2）。変形期間を平均して、1週間の労働時間が週法定労働時間（原則40時間）以内に定められ

ていれば、予め特定された日や週に特定された時間の範囲で法定労働時間（1日8時間、1週40時間）を超えていても、所定労働として割増賃金を払うことなく労働させることができるという制度です。

1か月単位の変形労働時間制の要件は、以下の①〜④のとおりです。

①　労使協定等または就業規則その他これに準ずるもので下記②〜④を定めること

（ⅰ）労使協定等により定める場合

労使協定等とは、労使協定、労使委員会の決議（労基法38条の4第5項）、労働時間等設定改善委員会の決議（労働時間等の設定の改善に関する特別措置法7条1項）のいずれかです。まず初めにチェックしましょう。

労使協定は、労働者の過半数で組織されている労働組合か、それがない場合には労働者の過半数代表者との間で、書面によって行います。労使協定には有効期間の定めが必要であり（労基則12条の2の2第1項）、その期間は3年以内が望ましいとされています（平成11・3・31日基発169号）。労使協定は、所轄労働基準監督署長への届出が必要ですが（労基法32条の2第2項、労基則12条の2の2第2項）、届出がなくても民事上の効力に影響はありません。

労使協定等により定めた場合、その定めに従って労働させても労基法に違反しないというにすぎず、労働者に民事上の義務を負わせるためには（労働契約の内容となるためには）、労働協約、就業規則、労働契約において別途同様の規定を定めることが必要と解されています（白石73頁）。したがって、この点も必ずチェックしましょう。これらがなければ、使用者の主張は失当となります。

（ⅱ）「就業規則その他これに準ずるもの」とは

10人以上の労働者を常用する事業場では、就業規則の作成義務がありますので（労基法89条）、変形労働時間制を労使協定等で定めない場合は必ず就業規則により定めなければなりません。また、就業規則の作成義務のない労働者が10人未満の事業所では、「その他これに

準ずるもの」つまり就業規則と同様の定めを作成して周知させなければなりません。

　なお、上記（ⅰ）のとおり、変形労働時間制を労使協定等で定めた場合でも、別途労働協約、就業規則、労働契約による定めが必要と解されますから、結局は、就業規則で定めることが原則的な方法であるといえます。

（ⅲ）**労働者への周知が必要**

　いずれの方法による場合も、定めの内容を労働者に周知しなければなりません（労基法106条）。周知されていない定めに民事上の効力はありません（労契法7条、昭和29・6・29基発355号）。

② **変形期間は1か月以内とし、起算日を定めること**

　1か月単位の変形労働時間制は、「1か月以内の一定期間」を予め定めておかなければならず、いつからその期間が始まるのかを明示しなければなりません（労基則12条の2）。たとえば、「変形期間は1か月とし、1か月は毎月1日から末日までの暦月とする」などと規定されることが必要です。このような記載がなく、抽象的な記載では明示したとはいえません。たとえば、「1か月単位の変形労働時間制とする」と記載しただけでは、変形期間の日数も起算日もわかりませんので、明示とはいえず、無効です。

③ **変形期間中、1週間当たりの所定労働時間を40時間以内とする**

　変形期間中の総所定労働時間は、週当たりの平均が法定労働時間である40時間以内（ただし、特例事業の場合は44時間・労基則25条の2第2項）でなければなりません（労基法32条の2第1項）。つまり、変形期間中の総所定労働時間は、以下の計算式による上限枠を超えない範囲で定めなければなりません。超えている場合は、その変形労働時間制は無効です（類型別Ⅰ215頁）。

　上限枠＝1週間の法定労働時間（40または44時間）×変形期間の暦日数÷7

図表 2-1　変形期間ごとの法定労働時間上限枠早見表

変形期間	31 日	30 日	29 日	28 日	1 週間
法定労働時間 ＝ 40 時間	177.14 時間	171.42 時間	165.71 時間	160.00 時間	40.00 時間
法定労働時間 ＝ 44 時間	194.85 時間	188.57 時間	182.28 時間	176.00 時間	44.00 時間

④　期間中の労働日とその所定労働時間の特定

（ⅰ）特定の方法

　1 か月単位の変形労働時間制を導入するためには、法定労働時間を超えて労働させる日・週を特定しなければなりません（労基法 32 条の 2 第 1 項）。加えて、上記要件③のとおり法定労働時間の上限枠の範囲内で変形期間の総所定労働時間を定めなければならないので、結局、変形期間内の全日について、労働日か休日なのかに加えて、労働日については、その日の所定労働時間を就業規則等で特定する必要があります。

　なお、就業規則には始業・終業時刻を記載しなければなりませんので（労基法 89 条）、就業規則で変形労働時間制を定める場合には、以下のように全労働日について始業・終業時刻を特定する必要があります。

就業規則規定例

第○○条　毎月 1 日を起算日とする 1 か月単位の変形労働時間制とし、所
　　　　　定労働時間は、1 か月を平均して 1 週間 40 時間以内とする。

第○○条　各日の始業時刻、終業時刻及び休憩時間は、次のとおりとす
　　　　　る。

　①1 日～ 24 日まで　始業：午前 9 時～終業：午後 5 時
　　　　　　　　　　　休憩：正午～午後 1 時

　②25 日～月末まで　始業：午前 8 時～終業：午後 7 時
　　　　　　　　　　　休憩：正午～午後 1 時

　なお、全労働日について始業・終業時刻が特定されておらず、無効とされた裁判例には以下のものがあります。

・学校法人関西学園事件

（岡山地判平成23・1・21労判1025号47頁）

　本事件では、就業規則に「寮監の勤務時間については変形労働時間制とし、個別に定める。」と定められているのみであり、変形の期間や上限、勤務のパターン及び各日の始業時刻や終業時刻の定めなどが全く規定されていないため、変形労働時間制を有効と認めることはできないとされた。

・日本レストランシステム（割増賃金等）事件

（東京地判平成22・4・7判時2118号142頁）

　1か月単位の変形労働時間制であったのに、半月ごとのシフト表しか作成しておらず、変形期間全日の労働日・労働時間が事前に特定されていないため、要件を満たさず変形労働時間制は適用されないと判断された。

・バッファロー事件

（東京地判平成27・12・11判時2310号139頁）

　就業規則上、1か月の起算日を毎月9日と定めていると解される定めがある会社において、毎月1日を記載日とするローテーション表による労働時間特定をしていたが、かかる労働時間の特定方法は同規定に反するものであり、仮に会社が毎月末日までに翌月分のローテーション表を作成していたとしても、翌々月1日から8日までの労働時間は特定されていないから、変形期間全てにおける労働時間が特定されていないことになるとして、変形労働時間制の要件が満たされていないとした。

・新栄不動産ビジネス事件

（東京地判令和元・7・24 判タ 1481 号 178 頁）

　会社が、毎月配られるシフト表によって労働時間を特定したと主張していた事案において、就業規則に勤務パターンごとの始業終業時刻、勤務パターンの組み合わせ、勤務割表（シフト表）の作成手続及び周知手続が全く定められておらず、シフト表によってのみ実際の勤務時間が定められていたと認められるが、シフト表自体からは休憩時間や仮眠時間が明らかでないので、変形労働時間制の要件を満たしていないとした。

　また、使用者が業務の都合によって任意に労働時間を変更できるような制度は適法な変形労働時間制とはいえません（平成 11・3・31・基発 168 号）。たとえば、岩手第一事件（仙台高判平成 13・8・29 労判 810 号 11 頁）では、就業規則の「前条（注・変形期間の所定労働時間を定めた条項）の始業・終業の時刻および休憩の時間は、季節または業務の都合により変更し、一定の期間内の特定の日あるいは特定の週について労働時間を延長し、もしくは短縮することがある」との定めは、使用者が恣意的に労働時間を変更しうることを定めたものであり違法とされました（括弧内、注書きは筆者）。

（ⅱ）特定の程度

　上記のとおり、原則として労働日全日について所定労働時間を具体的に特定することが必要ですので、1 か月の実労働時間が結果的に平均週 40 時間以内であればよいなどといった粗雑な規程では、適法な変形労働時間制とはいえません。

　この点、業務の実態上、統一的な時制とすることができず、月ごとに勤務割を作成する必要がある場合についてしばしば争いになります。

　この場合、作成される勤務割の内容、作成時期や作成手続に関する就業規則等の定めなどを検討し、就業規則等による各週、各日の所定労働時間の特定がされていると評価しうる場合でなければ、勤務割に

よる特定は違法となります（大星ビル管理事件・最判平成14・2・28労判822号5頁）。

　そして、特定の程度については、各直勤務の始業・終業時刻、各直勤務の組合せの基準・考え方、勤務割表作成の時期・手続等に関する定めは必要であり、それらの定めに照らして、就業規則において各日・各週の労働時間の特定がされたといえる程度、ないしはこれに準じた程度の特定がされる必要があります（類型別I 216頁、白石74〜75頁、前掲岩手第一事件、イースタンエアポートモータース事件・東京地判令和2・6・25判例秘書L07530544、前掲バッファロー事件、前掲新栄不動産ビジネス事件など多数）。

　就業規則等においてこのような特定が必要なのは、1か月の変形労働時間制を採用する場合には、使用者が日または週に法定労働時間を超えて労働させることが可能となる反面、過密な労働により、労働者の生活に与える影響が大きいため、就業規則等において、対象期間内におけるどの日または週が法定労働時間を超えるのかについてできる限り具体的に特定させ、それが困難であっても、労働者がその日または週における労働時間をある程度予測できるような規定を就業規則に設けておくべきだからとされています（前掲岩手第一事件参照）。この岩手第一事件では、「就業規則の各規定に従って勤務割表を作成し、これを従業員に周知させただけ」では、労基法32条の2の「特定」の要件を満たさないとされました。

　また、たとえ就業規則上に変形労働時間制の基本的内容と勤務割の作成手続を定めたとしても、使用者が労働時間を任意に決定できるような制度は、当然ながら違法です（昭和63・1・1基発1号）。

　（iii）労働時間の変更の可否

　いったん特定された労働日・労働時間を使用者が一方的に変更することは、労働者の生活設計に大きな不利益を与えるので許されるべきではありません。前掲岩手第一事件の判決においては、「季節または業務の都合」により労働時間の変更を認めるとする就業規則の条項は

違法と判示されています。

　なお、その他の裁判例は、変更が可能なのは、労働者からみてどのような場合に変更が行われるのかを予測することが可能な程度に変更事由を具体的に定めた場合などに限られるとして、使用者による恣意的変更が可能な一般条項は無効であるとしています（前掲岩手第一事件、JR東日本（横浜土木技術センター）事件・東京地判平成12・4・27労判782号6頁）。

　しかし、所定労働時間の変形によりただでさえ労働時間が不規則となる上に、いったん特定された労働日・労働時間が使用者の都合により変更されることによる労働者の生活設計上、健康上の不利益は極めて大きいものです。よって、「予測することが可能」かどうかにかかわらず、変更事由を定めて使用者による変更を認めるような制度は許されるべきではありません。

（4）1年単位の変形労働時間制の要件

　1年単位の変形労働時間制とは、1か月を超え1年以内の一定期間を、平均して1週間の労働時間が40時間以内の範囲内において、特定の日または週において、1日8時間または1週40時間を超えて所定労働時間を定めることができる制度です（労基法32条の4）。

　1年単位の変形労働時間制の要件は以下の①〜⑤のとおりです。

①　労使協定等で下記②〜⑤を定めること

　1か月単位の変形労働時間制と異なり、就業規則等で定めることはできず、必ず労使協定等により定めなければなりません。

　また、労使協定は、所轄の労働基準監督署長に届け出る必要があります（労基法32条の4第4項、32条の2第2項、労基則12条の4第6項。ただし届出がなくとも民事上の効力に影響はありません）。

　なお、労働者に民事上の義務を負わせるためには、就業規則等にも別途記載が必要です。

　労使協定等の不存在、もしあったとしてもその内容が労働協約、就

業規則、労働契約に定められていない場合は、使用者の主張は失当となりますので、まず第一にチェックしましょう。

② 対象労働者の範囲を定めること

対象労働者に制限はありませんが、対象者の範囲を明らかにする必要があります（労基法32条の4第1項1号）。たとえば、「全従業員を対象とする。」「正社員及び雇用契約期間が1年以上の契約社員を対象とする。」などと明確に定め、労働者が自分が対象労働者に当たるか判断できるようにしなければなりません。

③ 対象期間（1年以内）及び起算点を定めること

たとえば「平成25年4月1日から1年間」というように、いつから、どれだけの期間の変形労働時間制なのかを明らかにする必要があります（労基法32条の4第1項2号、労基則12条の2第1項）。

④ 労働日と所定労働時間を特定すること

労基法32条の4第1項4号は、2つの特定方法を定めています。

（ⅰ）**対象期間内の全日の労働日、所定労働時間を定める方法**

対象期間内を平均し、1週間当たりの所定労働時間が40時間（特例事業でも40時間）の範囲内としなければなりません。

また、対象期間の各日、各週の労働時間を具体的に定める必要があります。なお、特定された労働日・労働時間を使用者が一方的に変更することはできません（昭和63・3・14基発150号）。

（ⅱ）**区分期間を設ける方法**

対象期間を1か月以上の期間ごとに区分して以下のとおり定める方法もあります。

a．区分期間のうち最初の期間について、全労働日と労働日ごとの所定労働時間を定める。

b．最初の期間以外の各期間については、労働日数と総所定労働時間を定める。

c．最初の期間以外の各期間の具体的労働日、労働日ごとの所定労働時間は、各期間の少なくとも30日前に、労働者代表の同意を得た

上で書面にて特定する（労基法 32 条の 4 第 2 項、労基則 12 条の 4
第 2 項）。

（iii） 対象期間の設定要件

対象期間は以下の要件を満たして設定することが必要です。

　a．所定労働時間は、1 日 10 時間、1 週 52 時間以内とすること
　　　（労基法 32 条の 4 第 3 項、労基則 12 条の 4 第 4 項）。

　b．連続して労働させることができる日数の限度を 6 日とすること
　　　（労基法 32 条の 4 第 3 項、労基則 12 条の 4 第 5 項）

　ただし、特定期間（特に業務が繁忙な期間のこと・労基法 32 条の
4 第 1 項 3 号）を定めた場合には、12 日を上限とすることができます
（労基則 12 条の 4 第 5 項）。

（iv） 対象期間が 3 か月を超える場合の設定要件

　対象期間が 3 か月を超える場合は以下の要件を満たすことが必要で
す。

　a．対象期間内に設定できる所定労働日数は、1 年当たり 280 日の
　　　範囲内とすること（労基法 32 条の 4 第 3 項、労基則 12 条の 4 第
　　　3 項）。

　b．対象期間内に、週 48 時間を超える所定労働時間を設定するの
　　　は、連続 3 週間以内とすること（労基則 12 条の 4 第 4 項 1 号）。

　c．対象期間を起算日から 3 か月ごとに区切った各期間において、
　　　週 48 時間を超える所定労働時間を設定した週が合計 3 週以下で
　　　あること（労基則 12 条の 4 第 4 項 2 号）。

⑤　有効期限を定めること

　労使協定には有効期限を定める必要があり（労基法 32 条の 4 第 1
項 5 号、労基則 12 条の 4 第 1 項）、その期限は不適切な運用がされる
ことを防ぐため、1 年程度が望ましいとされています（平成 6・1・4
基発 1 号、平成 11・3・31 基発 168 号）。

（5）1週間単位の変形労働時間制の要件

　1週間単位の変形労働時間制とは、規模30人未満の小売業、旅館、料理・飲食店の事業において、1週間の所定労働時間を40時間以内とするよう定めれば、1日について最長10時間まで所定労働時間を設定することができる制度です（労基法32条の5）。

①　命令で定める事業であること

　対象事業は、日ごとの業務に著しい繁閑の差が生ずることが多く、かつ、これを予測した上で各日の労働時間を特定することが困難であると認められる小売業、旅館、料理店及び飲食店です。

②　30人未満の事業規模であること

　常時使用する労働者の数が命令で定める数（30人）未満でなければなりません。

③　労使協定等で、1週間の所定労働時間を40時間以内とすること

　「労使協定等」については、前述のとおりです。労使協定は、所轄の労働基準監督署長に届け出る必要があります。ただし、届出がなくとも有効である点は、他の変形労働時間制と同様です。

④　労働者に対し、各日の労働時間を書面で通知すること

（ⅰ）労働時間の上限

　1週間の各1日の労働時間を、使用者が当該1週間が始まる前に書面で通知しなければなりません。また、各日の労働時間の上限は10時間であり、それを定めるにあたっては、労働者の意思を尊重するよう努めなければなりません（労基則12条の5第5項）。

（ⅱ）緊急時の労働時間の変更

緊急でやむを得ない事由がある場合には、使用者は、前日までに書面で当該労働者に通知することにより、予め通知した労働時間を変更することができます（労基則 12 条の 5 第 3 項但書）。緊急でやむを得ない事由とは、使用者の主観的な必要性ではなく、台風の接近、豪雨等の天候の急変等客観的事実により、当初想定した業務の繁閑に大幅な変更が生じた場合をいいます（昭和 63・1・1 基発 1 号）。

（6）変形労働時間制の適用制限

① 18 歳未満の年少者

18 歳未満の年少者を変形労働時間制、フレックスタイム制で労働させることは原則として許されません（労基法 60 条 1 項）。ただし、例外として 15 歳以上 18 歳未満の者については、1 週間 48 時間、1 日 8 時間を超えない範囲であれば、1 か月単位、1 年単位の変形労働時間制で労働させることができます（労基法 60 条 3 項 2 号、労基則 34 条の 2）。

② 妊産婦

妊産婦（妊娠中及び産後 1 年を経過しない女性）が請求した場合は、変形労働時間制を採用している場合でも、法定労働時間（原則 1 日 8 時間、1 週 40 時間）を超えて労働させてはなりません（労基法 66 条）。

③ 育児や介護等の配慮を要する者

育児を行う者、老人等の介護を行う者、職業訓練または教育を受ける者、その他特別の配慮を要する者については、育児等に必要な時間を確保できるような配慮をしなければなりません（労基則 12 条の 6）。

（7）変形労働時間制における残業代の計算方法

① 変形労働時間制でも残業代は発生する

変形労働時間制は、所定労働時間を変形する制度にすぎませんの

で、所定労働時間を超えて働いた場合には、残業代の支払いを請求することができます。また、その残業が法定労働時間を超える場合には36協定の締結・届出が必要となります。

② 法外残業

変形労働時間制において、法外残業となるのは、所定労働時間を超え、かつ法定労働時間を超えて労働した時間です。具体的には、以下の手順で計算します。

（ⅰ）1日ごとの残業時間を算出する

所定労働時間を超え、かつ法定労働時間の8時間を超える時間を算出します。

a) 所定労働時間が8時間を超える日

残業時間＝所定労働時間を超えて労働した時間

b) 所定労働時間が8時間以内の日

残業時間＝8時間を超えて労働した時間

c) 1日ごとの残業時間の合計

＝ a) ＋ b)

（ⅱ）1週ごとの残業時間を算出する

所定労働時間を超え、かつ週法定労働時間の40時間を超える時間を算出します。

a) 所定労働時間が週40時間を超える週

残業時間＝所定労働時間を超えて労働した時間

（（ⅰ）で残業時間としてカウントした時間を除く）

b) 所定労働時間が週40時間以内の週

残業時間＝週40時間を超えて労働した時間

（（ⅰ）で残業時間としてカウントした時間を除く）

c) 1週間ごとの残業時間の合計

＝ a) ＋ b)

（ⅲ）変形労働時間ごとの残業時間を算出する

法定労働時間の上限枠を超えた時間を算出します。

a) 変形期間における法定労働時間の上限枠の計算

　　　　上限枠＝１週間の法定労働時間×変形期間の歴日数÷7

　　　　　　　　　（40 または 44 時間）

　　　※変形期間ごとの法定労働時間の早見表も参照（**図表 2-1**）。

b) 変形期間ごとの残業時間

　＝変形期間の法定労働時間の上限枠を超えて労働した時間

　（（ⅰ）、（ⅱ）で残業時間としてカウントした時間を除く）

（ⅳ）（ⅰ）～（ⅲ）を合計する

　合計したものが、当該変形期間における法外残業時間数となります。法外残業ですから、125％以上の割増賃金を請求することができます。

③　法内残業

　所定労働時間を超えて労働した時間のうち、法外残業として上記②でカウントされなかった時間については、法内残業となります。特に就業規則等に定めがない限り割増賃金請求はできませんが、通常賃金（100％）を請求することができます。

（8）１か月変形労働時間制の具体的計算例

　図表 2-2 の１か月の変形労働時間制を例として、上記手順に沿って残業代を計算してみましょう。変形期間は１か月で、図の網掛け部分 ▨ が所定労働時間、スミ部分 ■ （図中：イ～チ）が所定外残業を行った時間を示しています。

図表 2-2　1 か月の変形労働時間制における労働時間

第 1 週　所定労働時間 40 時間
（時間）　実労働時間 40 時間

第 2 週　所定労働時間 38 時間
（時間）　実労働時間 42 時間

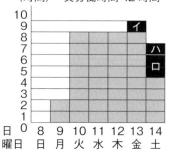

第 3 週　所定労働時間 42 時間
（時間）　実労働時間 44 時間

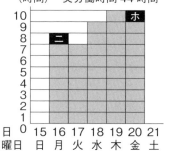

第 4 週　所定労働時間 36 時間
（時間）　実労働時間 40 時間

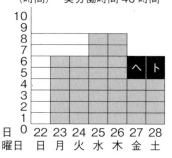

第 5 週　所定労働時間 17 時間
（時間）　実労働時間 17 時間

（総所定労働時間　173 時間）
（法定労働時間　177.14 時間）

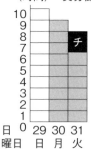

出典：日本労働弁護団『働く人のための労働時間マニュアル Ver.2』（2015 年）より

① 法外残業

（ⅰ）1日ごとの残業時間を算出する

a) 所定労働時間が8時間を超える日で、所定労働時間を超えて労働した時間

20日（金）1時間　…図中：ホ

b) 所定労働時間が8時間以内の日で、8時間を超えて労働した時間

13日（金）の1時間　…図中：イ

c) 1日ごとの残業時間の合計

a）＋b）＝2時間

（ⅱ）1週ごとの残業時間を算出する

a) 所定労働時間が週40時間を超える週（第3週）で所定労働時間を超えて労働した時間

16日（月）の1時間…図中：ニ

（20日（金）の1時間…図中：ホは、（ⅰ）で既にカウントしているので除きます）

b) 所定労働時間が週40時間以内の週で、週40時間を超えて労働した時間

14日（土）の1時間…図中：ハ

（13日（金）の1時間…図中：イは、（ⅰ）で既にカウントしているので除きます）

c) 1週間ごとの残業時間の合計

a）＋b）＝2時間

（ⅲ）変形期間（1か月）ごとの残業時間を算出する

a) 変形期間における法定労働時間の上限枠の計算

この1か月の歴日数は31日ですので、法定労働時間の上限枠は、177.14時間（40時間×31日÷7）となります。

b) 変形期間の法定労働時間の上限枠を超えて残業した時間

（（ⅰ）、（ⅱ）で残業時間としてカウントした時間を除く）

この1か月の総実労働時間は183時間で、法定労働時間の上限枠177.14時間を5.86時間超えていますが、そこから（ⅰ）でカウントした2時間（図中：イ、ホ）、（ⅱ）でカウントした2時間（図中：ニ、ハ）を除き、1.86時間（図中：チ）を残業時間としてカウントします。

（ⅳ）（ⅰ）～（ⅲ）を合計する

法外残業は、（ⅰ）～（ⅲ）の合計5.86時間となります（図中：イ、ハ、ニ、ホ、チ）。法外残業ですから、125％以上の割増賃金を請求することができますが、うち1.86時間（図中：チ部分）については所定労働として通常賃金が既に支払われているので、残業代として請求できるのは割増部分（25％）のみとなります。

② 法内残業

所定労働時間を超えて労働した時間のうち、法外残業として上記a）でカウントされなかった時間（図中：ロ、ヘ、トの合計6時間）については、法内残業となります。割増賃金請求はできませんが、通常賃金（100％）を請求することができます。

（9）変形労働時間制は無効だが払うべきは割増部分だけであるとの使用者の再反論について

変形労働時間制の要件が満たされない場合、原則に戻り、1日8時間、週40時間を超えた労働に対し、割増賃金を支払う義務が生じます。このとき、支払うべき割増賃金について、使用者が、たとえ変形労働時間制が無効だったとしても、賃金はその労働時間に対するものとして支払っているから、1日8時間、週40時間を超えた労働に対する支払いとしては125％のうち100％分は賃金として支払い済みであり、支払う部分は残りの25％である、という弁済の抗弁が主張されることがあります。

しかし、労基法は強行法規であるため、たとえ1週間当たり40時間を超えない範囲で1日につき8時間を超えて労働するという内容で

労働契約を締結したとしても、変形労働時間制の適用がない限り、労基法 32 条 2 項の直律的効力（同法 13 条）により、その労働時間は 1日 8 時間となります。

　他方、賃金については、月給制の場合、所定労働時間と賃金とが厳密な対応・牽連関係にないことから、1 か月の所定労働時間と月ごとの賃金額とが一体の関係にあるとはいえないため、賃金額に影響はありません。つまり、無効となる所定労働時間数に応じて、合意した賃金額が部分的に無効となるということはないのです（ただし、時給制や日給制の場合は別途検討が必要です）。

　そのため、無効となるのは 1 日 8 時間を超える所定労働時間の部分のみであり、月ごとの賃金額は影響を受けませんので、無効となる所定労働時間数が占める割合に応じた賃金額を、その余の賃金額から切り出して、その支払いをもって、無効となる時間数の労働に対する賃金として弁済したという関係は成立しません。

　したがって、使用者が支払った賃金は直律的効力により短縮された所定労働時間に対しての対価であり、無効になった所定労働時間に対しての賃金は全く支払われていないこととなります。そのため、125％の割増賃金の支払いが必要となります。

　この点が主な争点として争われたイースタンエアポートモータース事件（東京地判令和 2・6・25 判例秘書 L07530544）でも、裁判所は同様の判断を示し、100％部分の弁済があったとの会社主張を認めず、125％の割増賃金（深夜については 150％）の支払いを命じていますので、参照してください。

図表 2-3　変形労働時間の概要

種類	1 か月単位 (32 条の 2)	1 年単位 (32 条の 4)	1 週間単位 (32 条の 5)	フレックス タイム (1 か月以内)	フレックス タイム (1 か月超)
根拠	就業規則または 労使協定	労使協定	労使協定	労使協定	労使協定
労使協定の届出	必要	必要	必要	不要	必要
業種、規模による制限	なし	なし	あり	なし	なし
単位期間	1 か月以内	1 年以内	1 週間	1 か月以内	3 か月以内
各日の所定労働時間の決定（特定）	就業規則または 労使協定	労使協定	使用者（事前の書面通知）	労働者（特定は不要）	労働者
週平均所定労働時間の上限	40 時間	40 時間	40 時間	40 時間	40 時間
1 日・1 週の所定労働時間の上限規制	なし	1 日 10 時間、 1 週 52 時間 ただし、週 48 時間を超える週は (1)連続 3 週間以内 (2)3 か月毎に 3 週以内	1 日 10 時間	なし	1 か月 12 区分した各期間毎に、1 週当たりの平均労働時間が 50 時間を超えない範囲内
所定労働日数の上限	なし	あり（原則、280 日以内）	なし	なし	なし
変形休日制の適用	あり	なし（連続所定労働日数は原則6 日）	あり	あり	あり
時間外労働の基準時間	原則 (1 か月 45 時間 1 年 360 時間)	短時間 (1 か月 42 時間 1 年 320 時間)	原則	原則	原則
妊産婦への適用除外	あり	あり	あり	なし	なし
育児等の配慮義務	あり	あり	あり	なし	なし

出典：日本労働弁護団『働く人のための労働時間マニュアル Ver.2』より。なお、1 か月超のフレックスタイム制を加筆した。

7 フレックスタイム制であるとの主張

ポイント

・フレックスタイム制では、労働者が契約時間の範囲内で、始業時刻と終業時刻の双方を自由に決定できる。
・フレックスタイム制の要件を正確に把握する。
・契約時間を超えて働いた場合には、残業代請求できる。
・法外残業として割増賃金請求できるのは、法定労働時間を超えた部分のみ。

（1）フレックスタイム制とは

　フレックスタイム制とは、1か月などの単位期間のなかで総所定労働時間（契約時間）を定め、労働者がその範囲内で各日の始業時刻と終業時刻を自分で決定して働く制度です。具体的な労働時間配分を労働者の決定に委ねている点が特徴となる制度です。労働者の生活と業務の調和を図りながら効率的に働くことにより労働時間を短縮することを目的とする制度とされており、以下の要件を満たすことが必要です（労基法32条の3）。

（2）要件

①　就業規則等で始業・終業時刻を各労働者に決定させること

　就業規則その他これに準ずるものにより、始業時刻と終業時刻を各労働者の決定に委ねる旨を定める必要があります（労基法32条の3）。

なお、「就業規則その他これに準ずるもの」とは、本章第6節を参照してください。

なお、フレキシブルタイム（後述⑧参照）が極端に短い場合や、コアタイム（後述⑦参照）が標準労働時間とほぼ一致するほど長時間に及ぶ場合等については、始業・終業時刻を労働者の決定に委ねたことにはならず、適法なフレックスタイム制とはいえません（昭和63・1・1基発1号）。

② 労使協定等で③～⑤について定めること

変形労働時間制と異なり、就業規則等で定めるだけでは足りず、労使協定等の締結が不可欠とされていることに注意が必要です。なお、労使協定等とは、本章第6節を参照してください。

③ 対象労働者の範囲を定めること

対象労働者に制限はありませんが、対象者の範囲を明らかにする必要があります（労基法32条の3第1号）。たとえば、「全従業員を対象とする。」、「○○部門所属の正社員を対象とする。」などと明確に定め、労働者が自分が対象労働者にあたるか判断できるようにしなければなりません。

④ 清算期間と起算日を定めること

清算期間とは、フレックス制適用の単位となる期間であり、3か月以内とした上で、その起算点を定めなければなりません（労基法32条の3第2号、労基則12条の2）。また、1日を単位とする清算期間は認められません。

⑤ 清算期間において働くべき総所定労働時間を定めること

総所定労働時間（契約時間）は、清算期間を平均し1週間当たりの所定労働時間が法定労働時間（40または44時間）の範囲内でなければなりません（労基法32条の3第3号）。なお、清算期間が1か月を超えるものである場合は、これに加えて、清算期間の開始日以後、1か月ごとに区分した各期間ごとに1週当たりの平均の労働時間が50時間を超えない範囲内で総所定労働時間を定めなければなりません

（労基法 32 条の 3 第 2 項）。

⑥ 標準となる 1 日の労働時間の長さを定めること

標準労働時間は、フレックスタイム制のもとで労働する労働者が年休を取得した場合に、年休手当（労基法 39 条 9 項）を算定する基礎となる労働時間です（昭和 63・1・1 基発 1 号）。一般的には、通常労働者の 1 日の所定労働時間と同一の時間を定めます（労基法 32 条の 3 第 4 号、労基則 12 条の 3 第 1 項第 1 号）。

⑦ コアタイムを定める場合には、開始及び終了時刻を定めること

コアタイムとは、労働者が必ず労働しなければならない時間帯のことであり、開始・終了時刻を定めなければなりません（労基法 32 条の 3 第 4 号、労基則 12 条の 3 第 1 項第 2 号）。

⑧ フレキシブルタイムに制限を設ける場合には、開始及び終了の時刻を定めること

フレキシブルタイムとは、労働者がその選択により労働することができる時間帯のことであり、制限を設ける場合は開始・終了時刻を定めなければなりません（労基法 32 条の 3 第 4 号、労基則 12 条の 3 第 1 項第 3 号）。

⑨ 清算期間が 1 か月を超えるものである場合は労使協定を行政官庁に届け出ること

清算期間が 1 か月を超える場合には労使協定を所轄の労働基準監督署に届け出なければなりません（労基法 32 条の 3 第 4 項、労基則 12 条の 3 第 2 項）。

⑩ 就業規則などに定めて契約上の根拠となっていること

労使協定には私法上の権利義務を設定する効力がないので、労働契約上の根拠とするためには、③〜⑧などについて就業規則等に定めておくことが必要です（水町 721 頁）。

（3）フレックスタイム制における残業代の計算方法（清算期間が1か月を超えない場合）

① 法外残業

　フレックスタイム制においては、清算期間における法定労働時間の上限枠（1週間の法定労働時間×清算期間の日数÷7）を超えて労働した時間が法外残業時間となり、割増賃金（125％以上）を請求することができます。

② 法内残業

　契約時間を超えて労働した時間のうち、法外残業に当たらない時間については、法内残業となり、通常賃金の請求が可能です。

　なお、契約時間を超える実労働時間を労働者の「貸し時間」として、次の清算期間に繰り越すことは、清算期間内における労働の対価の一部がその期間内に支払われないことになるため、賃金全額払いの原則（労基法24条）違反となり許されません。

③ 契約時間に不足があった場合

　契約時間を働かなかった場合には、賃金カット（欠勤控除）されるのが通例です。また、過払賃金を次の清算期間の賃金支払いで調整的に控除することは賃金全額払いの原則には反せず、認められます。

　不足分の時間数を次の清算期間中の総労働時間に上積みして労働させること（労働時間の借り）についても、法定労働時間の総枠の範囲内であれば許されます（昭和63・1・1基発1号）。逆に、契約時間を超えて労働したために残業代が発生している場合に、次の清算期間の労働時間を短くすることとして残業代を支払わないこと（労働時間の貸し）については、前述のとおり賃金全額払いの原則（労基法24条）に違反するため、許されません。

（4）フレックスタイムにおける残業代の計算方法（清算期間が1か月を超える場合）

① 法外残業

法外残業は、（3）①に加え、清算期間を1か月ごとに区分した各期間（最後に1か月未満の期間を生じたときには、その期間）における実労働時間のうち、各期間を平均して1週間当たり50時間を超えて労働させた時間も、法外残業になります。

式 $\boxed{\text{清算期間を1か月ごとに区分した期間の実労働時間数}} - \text{〔}50 \times （\boxed{\text{清算期間を1か月ごとに区分した期間の暦日数}} \div 7）\text{〕}$

たとえば、2か月を清算期間としたフレックスタイム制をとっている職場における4月と5月を例にみてみましょう。4月に224時間、5月に220時間の実労働をしたと仮定します。

まず、4月は、式は、$224 - 〔50 \times （30 \div 7）〕$ となり、以下、

$224 - 214.28 = 9.72$

となります。法外残業として4月は9.72時間カウントすることになります。

次に、5月を計算すると $220 - 〔50 \times （31 \div 7）〕$ となり、答えがマイナスとなるので、50時間超の法外残業時間は0時間であり、カウントしないことになります。

② 法内残業

法内残業は（3）②と同じです。

③ 具体的な計算

清算期間が1か月を超えるフレックスタイム制の場合は、残業代計算が複雑になります。

例として、清算期間を3か月とした場合の1月から3月（※閏年ではない年）についてみてみましょう。清算期間の起算点は1月1日、最終日は3月31日とし、所定労働時間（契約時間）は暦日数に関係なく160時間である職場を想定します。各月の総実労働時間数は下表

のとおりです。また、労働者の時間単価は 2000 円とします。

月	暦日数	総実労働時間
1 月	31 日	230 時間
2 月	28 日	180 時間
3 月	31 日	170 時間

（ⅰ）週 50 時間超の時間外労働を算出する

まず、最初に、週 50 時間超の時間外労働を算出します。

1 月の暦日数が 31 日なので、221.42（＝ 50 ×（31 ÷ 7））時間を超えた労働時間が 50 時間超の法外残業時間となります。

したがって、50 時間超の法外残業時間数は次の式で求めることになります。

式　230 － 221.42 ＝ 8.58 時間

よって、1 月は 8.58 時間の 50 時間超の法外残業があったことになります。

次に、2 月についてみてみます。2 月は暦日数が 28 日ですので、200（＝ 50 ×（28 ÷ 7））時間を超えた時間が 50 時間超の法外残業となります。しかし、総実労働時間数は 180 時間でそれを下回りますので、50 時間超の法外残業はありません。

さらに、3 月についてみてみます。3 月は暦日数が 31 日なので、221.42 時間を超えた時間が 50 時間超の法外残業時間となります。しかし、総実労働時間数は 170 時間とそれを下回りますので、50 時間超の法外残業はありません。

なお、1 月に把握された法外残業に対する残業代は 1 月の賃金の支払日に支払われることになります（例　毎月末日締め翌月 15 日払いの場合は 2 月 15 日に支払われることになります）。

（ⅱ）清算期間全体の法外残業を算出する

次に、清算期間全体の法外残業を算出します。

清算期間は 3 か月ですので、その期間（1 〜 3 月）の総実労働時間数は、230 時間、180 時間、170 時間を合算した 580 時間となります。

そして、法定労働時間は、暦日 31 日、28 日、31 日で合計 90 日なので、40 ×（90 ÷ 7）で算出されます。その結果、この清算期間内の法定労働時間は、514.28 時間となります。

　よって、清算期間全体の法外残業時間は、次のとおりとなります。

　式　580 － 514.28 ＝ 65.72 時間

（ⅲ）既払い分の処理

　注意する点は（ⅱ）で算出された残業時間から、既に 1 月に支払い済みの残業代の対象となった残業時間数を引く必要がある点です。そのままにしておくと二重計上となります。本例では、1 月の 50 時間超の法外残業時間数である 8.58 時間を引くことになります。

　式　65.72 － 8.58 ＝ 57.14 時間

（ⅳ）法内残業時間数の算出

　最後に法内残業時間数を算出します。法内残業時間数は、所定労働時間を超え、法定労働時間までの時間数となります。本例では、暦日数に関係なく 160 時間であるので、480 時間（＝ 160 × 3）が清算期間内の所定労働時間数（契約時間）となります。

　そうすると、34.28 時間（＝（580 － 65.72）－ 480）が法内残業時間数となります。

（ⅴ）結論

　隔月に支払われるべき残業代は以下のとおりとなります。

　　1 月に支払うべき残業代

　　　2000 円 × 8.58 時間 × 1.25 ＝ 2 万 1450 円

　　2 月に支払うべき残業代

　　　なし

　　3 月に支払うべき残業代

　　　2000 円 × 57.14 時間 × 1.25 ＝ 14 万 2850 円

　　　2000 円 × 34.28 時間 × 1.00 ＝ 　6 万 8560 円

　　　合計 21 万 1410 円

（ⅵ）60 時間超の割増との関係

　1 か月で 60 時間を超えた法外残業がある場合は、通常の割増率をさらに割り増して 1.50 となることは、第 1 章第 4 節で説明しました。これと、1 か月を超えるフレックスタイム制との関係について補足して説明します。

　1 か月を超えるフレックスタイム制の場合でも、1 か月の間に 60 時間を超える法外残業があった場合には、清算期間の途中であっても、1 か月ごとに割増賃金を支払う必要があります（平成 30・12・28 基発 1228 第 15 号）。

　上記に挙げた例として、たとえば、2 月の総実労働時間が 250 時間であったとします。そうすると、2 月の法定労働時間が 160 時間のため 90 時間の法定外労働（法外残業）があったことになります。そのうち、60 時間を超える 30 時間分については 5 割増しの割増賃金を支払わなければなりません。

　一方で、週当たり 50 時間超の法外残業も発生しています。

　式　250 － 200 ＝ 50 時間

　したがって、2 月は、50 時間超の法外残業である 50 時間について 1.25 の、1 か月 60 時間超の法外残業である 30 時間について 0.25 の、各割増賃金の支払をすることになります。

　＜式＞

　2000 円 × 50 時間 × 1.25 ＝ 12 万 5000 円

　2000 円 × 30 時間 × 0.25 ＝ 　1 万 5000 円

　合計　14 万円

8 事業場外みなし労働時間制であるとの主張

ポイント

・要件を正確に把握した上で、労働時間の把握が困難な場合は稀であることを理解する。

・休日労働、深夜労働については、たとえみなし労働時間制が適用されても時間管理義務と割増賃金支払義務を負う。

・労働者側としては、みなし労働時間制が適用された場合でも、通常必要時間については労働実態に即した認定がなされるよう主張・立証する。

（1）みなし労働時間制は労基法の例外規定

　第8節では、事業場外制（労基法38条の2)、第9節では、専門業務型裁量労働制（労基法38条の3)、企画業務型裁量労働制（労基法38条の4）について説明します（以下、「事業場外」「専門業務型」「企画業務型」の3つを合わせて「みなし労働時間制」と呼びます)。

　みなし労働時間制の適用が認められると、実際の労働時間は問題にならず、みなし時間だけ労働したとみなされることになります。たとえば、みなし時間が8時間の場合、実際には11時間労働したとしても、8時間だけ労働したものとみなされ、会社は割増賃金を支払う必要がないこととなります。このようなみなし労働時間制は、労働者の健康や文化的な生活を確保すべく、会社に対して労働者の実労働時間

把握義務を負わせて、時間外労働に対する割増賃金支払義務（労基法37条）を定めて、もって過酷な時間外労働を抑制しようとした労基法の原則に対する例外規定ということとなります。

このように、みなし労働時間制は労基法が定める実労働時間原則に対する例外規定ですので、使用者側の抗弁となります。また、例外規定であるため、要件が厳格に解釈されるべきことになります。

なお、みなし労働時間制が適用される場合であっても、休日労働割増賃金・深夜残業割増賃金について使用者は支払義務を負い、休日労働・深夜労働については依然として労働時間把握義務を負うこととなります（労基則24条の2第1項、24条の2の2第1項、24条の2の3第2項）。

（2）事業場外みなし労働時間制の趣旨と要件

① 趣旨

既述のとおり、労基法上、使用者は労働者の実労働時間の把握・算定義務を負うのが原則ですが、事業場外で行われる労働については使用者の指揮監督の及ばない労働もあり、その場合には使用者が当該業務を行う労働者の実労働時間を把握することは困難であるため（実労働時間の算定困難性）、その限りで、使用者の実労働時間の把握・算定義務を免除するというのが法（労基法38条の2）の趣旨と解されます。

阪急トラベルサポート（派遣添乗員・第1）事件控訴審判決（東京高判平成23・9・14労判1036号14頁）は、同条の趣旨について、「使用者の指揮監督の及ばない事業場外労働については使用者の労働時間の把握が困難であり、実労働時間の算定に支障が生ずるという問題に対処し、労基法の労働時間規制における実績原則の下で、実際の労働時間にできるだけ近づけた便宜的な算定方法を定めるものであり、その限りで労基法上使用者に課されている労働時間の把握・算定義務を免除するもの」（下線部は筆者）と判示しており、その趣旨を明らか

にしています。

② 要件

（ⅰ）「事業場外」で労働したこと

まず、労働者が事業場外で労働を行ったことが必要です。

事業場外労働は、外勤営業社員のように恒常的・常態的に事業場外で労働する場合に限らず、一時的なものや出張等も含まれます。

この要件該当性がないものは、事業場外みなし労働時間制の適用は許されません。

（ⅱ）労働時間を算定し難いとき

労働者が事業場外で労働した場合であっても、使用者が実労働時間を把握・算定できるのであれば、事業場外みなし労働時間制の適用はありません。

(3)「労働時間を算定し難いとき」の判断要素

では、要件の（ⅱ）について、どのような場合に、「労働時間を算定し難いとき」と認められるのでしょうか。この点に関し、旧労働省は通達を発しています（昭和63年1月1日基発1号、波線部は筆者）。

事業場外労働に関するみなし労働時間制の対象となるのは、事業場外で業務に従事し、かつ、使用者の具体的な指揮監督が及ばず労働時間を算定することが困難な業務であること。したがって、次の場合のように、事業場外で業務に従事する場合にあっても、使用者の具体的な指揮監督が及んでいる場合については、労働時間の算定が可能であるので、みなし労働時間制の適用はないものであること。

① 何人かのグループで事業場外労働に従事する場合で、そのメンバーの中に労働時間の管理をする者がいる場合

② 事業場外で業務に従事するが、無線やポケットベル等によって随時使用者の指示を受けながら労働している場合

③ 事業場において、訪問先、帰社時刻等当日の業務の具体的指示を受

けたのち、事業場外で指示どおりに業務に従事し、その後事業場にもどる場合

　上記昭和63・1・1通達が、みなし労働時間制の適用されない場合として列示する①～③については、以下のとおり解釈されています（注釈労基法・下657頁）。

　①については、労働時間の算定困難性という本条の趣旨からすれば、時間管理者がいる場合や、あるいは、時間管理が可能な労働形態である場合には、これに該当すると考えられます。

　②については、使用者が労働者に対して指示しようと思えばいつでも指示を行うことができる体制にあれば、これに該当すると考えられます。

　③については、完全な自己申告とは異なり、予め使用者から訪問先や業務遂行過程等が具体的に指示されていて、労働者が事後にこれを報告する場合がこれに該当すると考えられます。

　この昭和63・1・1通達が挙げる上記①～③に該当する場合については、裁判例上も、みなし労働時間制の適用が否定される傾向があります（静岡市教職員事件・東京高判昭和45・11・27判タ255号132頁、日本工業検査事件・横浜地裁川崎支決昭和49・1・26労判194号37頁、井上運輸・井上自動車整備事件・大阪高判昭和57・12・10労判401号28頁、ほるぷ事件・東京地判平成9・8・1労判722号62頁等参照）。

　一方、上記昭和63・1・1通達が挙げる上記①～③に直接は該当しない場合はどうでしょうか。前掲阪急トラベルサポート（派遣添乗員・第1）事件では、「労働時間を算定し難いとき」について、同条の趣旨を判示した上で、「就労実態等の具体的事情をふまえ、社会通念に従い、客観的にみて労働時間を把握することが困難であり、使用者の具体的な指揮監督が及ばないと評価される場合」と定義しています。同判決や、その他の裁判例から考えられる労働時間の把握・算定

可能性の判断要素としては、以下のものが考えられます（白石95～96頁参照）。

① 使用者の事前の具体的指示

使用者の事前の指示があり、それが具体的であればあるほど、使用者の具体的指揮監督が及んでいるといえるので、労働時間の把握・算定が容易になると考えられます。

② 労働者の事前の業務予定の報告

労働者が事前に業務予定を使用者に対して報告している場合（たとえば、出張における訪問先等の計画書を事前に使用者に提出している、ホワイトボードに予定を記載した後に外出する等）、それが詳細であればあるほど、使用者の具体的な指揮監督が及んでいるといえるので、労働時間の把握・算定が容易になると考えられます。

③ 事業場外労働の責任者の指定

事業場外労働の責任者が指定されている場合、当該責任者が事業場外労働に同行している場合、労働時間の把握・算定が容易になると考えられます。

④ 労働者の事後の業務内容の報告

事後に事業場外労働についての訪問先、訪問・退出時間等についての報告がなされる場合、それが詳細であればあるほど、労働時間の把握・算定が容易になると考えられます。

⑤ 始業・終業時刻の指定

事業場外労働の始業時刻・終業時刻が指定されている場合、事業場外労働の労働時間の把握・算定が容易になると考えられます。

⑥ 事業場外労働の前後の出社

事業場外労働の前後に出社がある場合、事業場外労働の労働時間の把握・算定が容易になると考えられます。

⑦ 携帯電話等で業務指示・業務報告

携帯電話、電子メール等を利用しての業務指示・業務報告が可能な場合、使用者の具体的指揮監督が及んでいるか、あるいは及ぼすこと

が可能（困難ではない）といえるので、労働時間の把握・算定が容易
になると考えられます。

⑧　業務内容等についての労働者の裁量

　業務内容や時間配分等についての労働者の裁量がない場合、労働者
は使用者の指示どおりに労働することとなるため、労働時間の把握・
算定は容易になると考えられます。

（4）裁判例の傾向

　裁判例においては、みなし労働時間制の適用を否定するものがほと
んどです。

・静岡市教職員事件

（東京高判昭和 45・11・27 判タ 255 号 132 頁）

　教師が生徒を修学旅行や遠足に引率した場合について、みなし労働
時間制（当時は、旧労基則 22 条）の適用が問題となった事案。

　修学旅行等については、事前にその目的、日程、引率者もしくは費
用等についての計画案が作成・承認・許可されていること、同計画案
には行事の集合時刻、乗車・出発時刻、就寝時刻、起床時刻、静岡駅
到着時刻、解散時刻等が定められていること等を指摘して、「使用者
が予め別段の指示をした場合」（同 22 条但書）に該当するとしてみな
し労働時間制の適用を否定した。

・日本工業検査事件

（横浜地裁川崎支決昭和 49・1・26 労判 194 号 37 頁）

　地方現場への出張につき、みなし労働時間制（当時は、旧労基則第
22 条）の適用が問題となった事案。通常業務と地方出張業務の作業
形態にそれほどの差異はないこと、地方出張作業へは 2 名以上で赴き
その内 1 名が責任者として指定されること、出勤時刻、退出時刻、作
業開始時刻、作業終了時刻等を記載した作業報告書の作成及び客先か
らの押印を得ることとされていること等から、本件出張作業は「拘束
性を有し」、「労働時間を算定し難い場合に該当するとは考えられな

い」と判示した。

・光和商事事件

（大阪地判平成 14・7・19 労判 833 号 22 頁）

　金融会社における営業社員について、勤務時間が定められていること、営業社員は基本的に朝出社して朝礼に出席後外勤勤務に出ること、基本的に午後 6 時までに帰社して事務所内の清掃をして終業となること、その日の行動予定を記載した予定表を事前に提出すること、外勤中に行動報告をした場合には会社において予定表の該当欄に線を引くなどして抹消していたこと、被告会社は営業社員全員に会社所有の携帯電話を持たせていたこと等から「労働時間を算定することが困難であるということは出来ない」と判示した。

・コミネコミュニケーション事件

（東京地判平成 17・9・30 労経速 1916 号 11 頁）

　営業社員についても、始業時刻及び終業時刻を定めていたこと、ID カード及び就業状況月報等によって個々の社員の労働時間を管理していたこと、営業社員には携帯電話が貸与され、被告会社によってその利用状況を把握していたこと、営業日報を作成して訪問先や訪問時刻等を報告していたこと等から、みなし労働時間制の適用を否定した。

・インターネットサファリ事件

（東京地判平成 17・12・9 労経速 1925 号 24 頁）

　コンピューターソフトウエアの設計等を営む会社における営業職員につき、その仕事の大半は内勤であること、外勤業務は午後 5 時頃までであること、1 回の外出が 1 時間から 1 時間半程度であること、外出先がホワイトボードに記載されること、常時携帯電話で外出中の時間管理や業務指示等のフォローを受けていたこと等から、みなし労働時間制の適用を否定した。

・ハイクリップス事件

（大阪地判平成 20・3・7 労判 971 号 72 頁）

医療品等承認申請のための治験施設支援機関である会社で、治験コーディネーターとして働く従業員につき、会社はタイムシートを従業員に作成させ、始業時刻及び終業時刻を把握していたこと、どのような業務にどのくらい従事したかも把握していたこと、電子メール等の連絡手段を通じて業務上の連絡を密にとっていたこと、タイムシートには実際の始業時刻と終業時刻を記載するように指示していたこと等から「労働時間を算定し難い状況があったとは認められない」とした。

・レイズ事件

(東京地判平成22・10・27労判1021号39頁)

不動産会社における営業職員について、原則として出社後外勤に出ていたこと、出退勤時においてタイムカードを打刻していたこと、営業活動の訪問先や帰社予定時刻等を被告会社に報告していたこと、営業活動中もその状況を携帯電話等によって報告していたこと等から、みなし労働時間制の適用を否定した。

・阪急トラベルサポート（派遣添乗員・第2）事件

(最判平成26・1・24労判1088号5頁)

直行直帰で、7日間程度、海外に行ったきりで、時間管理者も同行しておらず、単独で遂行する添乗業務について、最高裁は、ア．添乗員は、予め定められた旅行日程どおりに旅程管理することが求められており「業務内容があらかじめ具体的に確定」しており、「添乗員が自ら決定できる事項の範囲及びその決定に係る選択の幅は限られている」こと、イ．最終日程表・アイテナリーなどによる旅程の指示、添乗員マニュアルによる業務指示、携帯電話を貸与して常時電源を入れておき、旅行日程に変更が必要になる場合等には派遣先に報告して指示を受けるよう求めていること、ウ．帰国後添乗日報にて業務の遂行状況の詳細かつ正確な報告を求めていること等を挙げた。

その上で、会社は、添乗員に対して、「あらかじめ定められた旅行日程に沿った旅程の管理等の業務を行うべきことを具体的に指示した

上で、予定された旅行日程に途中で相応の変更を要する事態が生じた場合にはその時点で個別の指示をするものとされ、旅行日程の終了後は、内容の正確性を確認し得る添乗日報によって業務の遂行の状況等につき詳細な報告を受けるものとされている」ことから、「添乗員の勤務の状況を具体的に把握することが困難であったとは認め難」いとして、みなし労働時間制の適用を否定した。

　なお、最高裁は、同日付で、第1事件、第3事件についても、会社の上告を棄却して、みなし労働時間制の適用を否定した原判決を相当とした（阪急トラベルサポート（派遣添乗員・第1）事件・阪急トラベルサポート（派遣添乗員・第3）事件、いずれも最決平成26・1・24）。

●参考　阪急トラベルサポート事件について

　阪急トラベルサポート事件には、3事件があります。①第1事件は国内添乗につき原告1名が、②第2事件は海外添乗につき原告1名が、③第3事件は国内及び海外添乗につき原告6名が、訴訟を提起しました（図表2-4参照）。

　第1事件については、国内ツアーであるためか、1審から最高裁までみなし労働時間制の適用は否定され続けました。

　また、海外ツアーを含む第2事件及び第3事件は多少複雑な経過をたどりました。すなわち、第2事件1審判決、第3事件1審判決は、いずれも、みなし労働時間制を肯定しましたが、適用肯定後の通常必要時間については判断が分かれました。

　第2事件1審判決は、通常必要時間を、ツアーを問わず1労働日につき一律11時間としています（各労働日当たり8時間を超した3時間が法外残業です）。

　これに対して、第3事件1審判決は、行程表や添乗日報をもとに各労働日ごとに通常必要時間を認定するテクニカルな判決となりました（各労働日ごとに通常必要時間が8時間を超す部分が法外残業で

す）。

　もっとも、2審判決となると、3事件のいずれも、みなし労働時間制の適用を否定する判決となりました。

　このような状況で、最高裁が第2事件につき、会社の上告受理申立てを認めて、みなし労働時間制について判断を下したのが、上記最高裁判決です（同日付で第1事件、第3事件については会社の上告棄却・上告不受理となりました）。

図表2-4　阪急トラベルサポート事件（第1～第3）のみなし労働時間制の適用の判断

		第1事件	第2事件	第3事件
ツアー		国内ツアー	海外ツアー	国内ツアー及び海外ツアー
1審	みなし労働時間制	×	○	○
	通常必要時間	―	11時間	各労働日ごとに通常必要時間を認定
2審	みなし労働時間制	×	×	×
最高裁	みなし労働時間制	×	×	×

○適用あり　×適用なし

　上記最高裁判決の判断の際に重視された要素は、①事前の指示、②業務途中の指示、③業務終了後の事後報告であると解されます。上記最高裁判決の意義は、海外での業務で、直行直帰で、時間管理者は同行せず、7日間程度、単独で業務を行うものであっても、上記程度に使用者からの指示・関与が認められる場合には、みなし労働時間制の適用は許されないと判断したところにあると考えられます。

＜阪急トラベルサポート事件最高裁判決後の裁判例＞
◆否定したもの
・落合事件
（東京地判平成27・9・18労働判例ジャーナル45号2頁）

　モーター周辺機器等の輸出入及び国内卸売業を営む会社において、

外回り営業の担当者であった者について、直行直帰は許されていない
こと、出勤後に営業日報に訪問予定先や訪問時間、PR内容を記載し
た営業予定表を所属長に提出すること、所属長が営業予定表により営
業担当者の一日の業務内容を把握することができること、外回り営業
担当者は帰社後にその日の訪問先や商談内容を営業日報の作成、提出
または口頭により報告することなどの事情から、外回り営業担当者の
出退勤時刻については事業場である支店において把握することが可能
であり「労働時間が算定し難いとき」に当たるとは認められないとし
た。

・東京薬品事件

（東京地判平成27・10・30労働判例ジャーナル48号37頁）

　医薬品の販売等を目的とする会社の営業担当社員であった労働者に
ついて、原則として直行直帰を認めておらず、タイムカードまたは指
紋認証システムにより出退勤時刻を管理しており、出勤後の事業場外
での業務については、営業日報に出発時刻及び帰社時刻を記載させて
いたから、営業日報の記載を確認することにより事業場外での業務時
間も管理することができたと認められるとして、「労働時間を算定し
難いとき」に当たらないとした。

・エターナルアミューズメント事件

（東京地判平成27・11・25D1-Law.com判例体系29015409）

　遊戯機器及びこれに付随する商品（景品等）の販売・リース等を目
的とする会社で、景品の補充等を行う労働者について、基本的に事業
所に出社して会社の自動車を運転して店舗を巡回し、当日の業務終了
後には同事業所に帰社するものであること、当日巡回する店舗は会社
の指示に基づいて定められ、店舗で行う業務も、突発的な修理業務等
を除いては、予め用意した景品を補充し、売上金を回収するという定
型的な内容であること、そこに労働者が決定できる事項の範囲及びそ
の決定に係る選択の幅は限られているといえること、携帯電話を所持
させた上で、当日の業務終了後にその日の業務内容や業務開始・終了

時刻等を報告させ、さらには各店舗の作業が終了する都度、作業結果がわかるように写真を撮らせ、これをメールで送信させていたことなどから、「労働時間を算定し難いとき」に当たるとはいえないとした。

◆肯定したもの
・ナック事件
（東京高判平成 30・6・21 労経速 2369 号 28 頁）

　企業コンサルティングなどの事業を行う会社で、事業場（支店）から外出して顧客の元を訪問し、商品の購入を勧誘する営業活動を行う労働者につき、訪問スケジュールは、チームを構成する当該労働者を含む営業担当社員が内勤社員とともに決め、スケジュール管理ソフトに入力して職員間で共有化されていたが、個々の訪問スケジュールを上司が指示することはなく、上司がスケジュールをいちいち確認することもなく、訪問の回数や時間も営業担当社員の裁量的な判断に委ねられていたこと、個々の訪問が終わると、内勤社員に電話等で結果を報告したりしていたが、その都度上司に報告されるというものでもなかったこと、帰社後は出張報告書を作成することになっていたが、出張報告書の内容は極めて簡易なものであったことなどから、使用者が労働者の勤務の状況を具体的に把握することは困難であったと認めるのが相当であるとした。

（5）事業場外みなし労働時間制の効果

　事業場外みなし労働制が適用されると「所定労働時間」労働したものとみなされます（同 38 条の 2 第 1 項本文）。また、「当該業務を遂行するためには通常所定労働時間を超えて労働することが必要になる場合」には、「当該業務の遂行に通常必要とされる時間」（「通常必要労働時間」）労働したとみなされます（同 1 項但書）。

　たとえば、所定労働時間が 8 時間の企業を例にして説明すると、本条が適用されると、現実には 9 時間働いた場合であっても、「所定労

働時間」たる8時間を労働したものとみなされることになります（同1項本文）。よって、法外残業は発生せず、使用者は法外残業割増賃金の支払義務を負わないこととなります。

　もっとも、当該業務の質・量等からして、当該業務には通常12時間は必要であるというような場合には、所定の8時間ではなく、通常必要時間たる12時間働いたものとしてみなされます（同1項但書）。この場合、法定の8時間を超過した4時間部分（＝12時間－8時間）については、法外残業となり、使用者はこの部分につき法外残業割増賃金を支払わなければなりません。

　かかる通常必要時間については、できるだけ実労働時間に近づくことが要請されると考えられ、裁判実務上はこの「通常必要時間」については、具体的な業務実態等を踏まえて認定することとなると考えられます。たとえば、前出の阪急トラベルサポート（派遣添乗員・第3）事件第1審判決は、みなし労働時間制の適用を認めた上で、通常必要時間については、「みなし労働時間の判定に当たっては、現実の労働時間と大きく乖離しないように留意する必要があるというべきである」と判示して、ツアーの日程表や添乗日報等を用いて、各添乗員の各労働日ごとに「通常必要時間」を認定しました。このように各資料に基づいて各労働日ごとに「通常必要時間」を認定することは、実労働時間の認定とほとんど大差ない作業であり、労働者側代理人としては仮にみなし労働時間制の適用が認められてしまったとしても、「通常必要時間」については現実の労働時間に即して判断されるよう主張立証に努めるべきです。

　なお、労使協定で定める時間を労働時間とみなす（同38条の2第2項）ためには、①「当該業務を遂行するためには通常所定労働時間を超えて労働することが必要となる場合」（同条1項但書）に加えて、②過半数労働組合（過半数労働組合がない場合は過半数を代表する者）との間の労使協定によってみなし労働時間（協定労働時間）を定めていて、かつ③就業規則または労働協約において、協定労働時間を

労働時間とみなすと定めていることが必要です（同条2項）。

　③については、法文には記載されていませんが労使協定には私法的効力を有しないとされているため（注釈労基法上・49頁）、就業規則または労働協約において、協定時間を労働時間とみなす旨の定めが別途必要と解されます（白石99頁）。

　また、かかる協定労働時間が、実態と大きく乖離していた場合（たとえば協定労働時間が8時間であるところ、実際は12時間程度の労働が必要な場合等）については判例は現時点で存しないと思われますが、①就業規則や労使協定の合理性が問題となるとの考えや（白石100頁）、②労働者は別途、通常必要時間を主張立証してそれによるべきことを主張できるとの考え等があります。

9 裁量労働制であるとの主張

ポイント

・非常に細かい要件を全て満たさなくてはならず、認定は容易ではない。

・適用には労働者側に時間主権があることが前提となる。

・対象業務であっても、補助的な役割の労働者には適用されない。

(1) 裁量労働制の類型と趣旨

　裁量労働制には、①専門業務型裁量労働制（労基法38条の3）と②企画業務型裁量労働制（同38条の4）の2つがあります。この裁量労働制も、労基法の実労働時間原則の例外であり、使用者側の抗弁と位置づけられます。

　これらの裁量労働制の趣旨は、業務の性質上その遂行方法を大幅に労働者に委ねる必要がある場合（労働者に時間主権がある場合）に、実労働時間とは関係なく、労使協定や労使委員会の決議で予め定めた時間を労働時間とみなす制度です。したがって、これらの制度が適用されるためには労働者に時間主権がある場合であることが必要と解されます。

(2) 専門業務型裁量労働制の要件・効果

　この制度（労基法38条の3）が有効とされるためには、定められた細々した要件（**図表2-5**）を全て満たすことが必要です。実務上

これらの要件を全て満たすことは容易ではないと考えられますので、使用者側からこのような抗弁が主張された場合、個々の要件を一つひとつチェックすることは極めて重要です。

図表 2-5　専門業務型裁量労働制（労基法 38 条の 3）の要件

①対象業務 （1 項 1 号）	ⓐ　業務の性質上その遂行の方法を大幅に労働者の裁量にゆだねる必要があること
	ⓑ　遂行の手段及び時間配分の決定等に関し使用者が具体的な指示をすることが困難なものとして定められた業務
	ⓒ「厚生労働省令で定める業務」（合計 5 業務＋ 14 業務・労基則 24 条の 2 第 2 項）
②労使協定の締結 （1 項 1 号〜 6 号）	1 号　対象業務（厚生労働省令の 19 業務、2（2）項）
	2 号　みなし労働時間
	3 号　業務の遂行の手段及び時間配分の決定等に関し、労働者に具体的な指示をしないこととすること
	4 号　健康福祉確保措置
	5 号　苦情処理措置
	6 号　労使協定の有効期間、健康福祉確保措置（4 号）、苦情処理措置（5 号）に関する記録を有効期間満了後 3 年間保存
③専門業務型裁量労働制による旨の就業規則又は労働協約の定め	

① 　対象業務

　対象業務は、ⓐ「業務の性質上その遂行の方法を大幅に当該業務に従事する労働者の裁量にゆだねる必要」があるため、ⓑ「当該業務の遂行の手段及び時間配分の決定等に関し使用者が具体的な指示をすることが困難」なものとして、ⓒ「厚生労働省令で定める業務」（労基則 24 条の 2 の 2 第 2 項）と定められています（同条 1 項 1 号）。

　6 号の「厚生労働大臣の指定する業務」については、コピーライター、システムコンサルタント、インテリアコーディネーター、ゲーム用ソフトウエア開発、証券アナリスト、金融工学等を用いて行う金融商品開発、大学における教授研究、公認会計士、弁護士、建築士、不動産鑑定士、弁理士、税理士、中小企業診断士の合計 14 業務が指定されています（平成 9・2・14 労告 7 号、平成 12・12・25 労告 120 号、平成 14・2・13 厚労告 23 号、平成 15・10・22 厚生労告 354 号）。

　厚生労働省令は、労働者の裁量性に着目して、対象業務を限定列挙しているので、まず、これらの対象業務に該当するかをチェックすることが重要です。

　また、対象業務であっても、対象業務の付随業務や補助業務は、労働者の裁量性がないと考えられるので、本制度の対象とはなりません。たとえば、数人でプロジェクトチームを組んで開発業務を行っている場合で、そのチーフの管理の下で業務遂行を行っている者、プロジェクト内で業務に付随する雑用清掃等のみを行うもの（昭和 63・3・14 基発 150 号、平成 12・1・1 基発 1 号）、研究開発業務に従事する者を補助する助手・プログラマー等（労基局労基法・上 545 〜 553 頁）は、本制度の対象となりません。エーディディ事件（京都地判平成 23・10・31 労判 1041 号 49 頁）は、プログラムの分析または設計業務等について、業務の裁量性が少ないこと、対象業務以外の業務に

も相当従事させていたこと等を理由として、対象業務への該当性を否定しており、参考になります。

② 労使協定の締結

　以下の事項について労使協定の締結が必要となります（労基法38条の3第1項1号～6号）。

一　対象業務

二　みなし労働時間（協定労働時間）

三　対象業務の遂行の手段及び時間配分の決定等に関し、当該労働者に対し使用者が具体的な指示をしないこと

四　健康福祉確保措置

五　苦情処理措置

六　前各号に掲げるもののほか、厚生労働省令で定める事項

　「対象業務」（1号）は、労基則24条の2の2第2項が限定列挙したものに限られます。また、実際には労働者に裁量性がないにもかかわらず「対象業務の遂行の手段及び時間配分の決定等に関し、当該労働者に対し使用者が具体的な指示をしない」（3号）旨を労使協定に定めても、本制度の適用はありません（労基局労基法・上594～595頁）。

　また、6号「厚生労働省令で定める事項」（労基則24条の2の2第3項）、労使協定の有効期間、及び、健康福祉確保措置（4号）・苦情処理措置（5号）の記録を有効期間満了後5年間保管することも必要です。

　なお、労使協定は、当該事業場ごとに締結される必要があります。ドワンゴ事件（京都地判平成18・5・29労判920号57頁）は、労使協定の適用単位は事業場ごとであるとして、異なる事業場の労使協定の適用を否定しています。

　また、労使協定を締結した者が、労働者の過半数を代表する者に該当しないとして、専門業務型裁量労働制の適用を否定したフュー

チャーインフィニティ事件（大阪地判平成27・2・20労働判例ジャーナル39号27頁）もあります。

③ 就業規則または労働協約の定めがあること

専門業務型裁量労働制について就業規則または労働協約の定めがあることが必要と解されています（白石107頁）。

④ 効果

協定みなし時間だけ労働したものとみなされます（同条1項、同項2号）。たとえば、協定みなし時間が8時間の場合、実際には11時間労働したとしても、8時間だけ労働したものとみなされ、割増賃金支払の対象となりません。

一方で、協定みなし時間が法定労働時間を超えている場合、超過時間については割増賃金の支払いが必要となります。

たとえば、協定みなし時間が12時間の場合、法定労働時間たる8時間を超過した4時間部分については割増賃金の支払いが必要です。また、この場合には、36協定の締結も必要となります。

（3）企画業務型裁量労働制の要件・効果

図表2-6 の①〜⑥の全ての要件を満たすことが必要と解されています。

図表2-6　企画業務型裁量労働制（労基法38条の4）の要件

①対象業務 （1項1号）	ⓐ 事業運営に関する事項についての企画、立案、調査及び分析の業務
	ⓑ 業務の性質上その遂行の方法を大幅に労働者の裁量にゆだねる必要があること
	ⓒ 遂行の手段及び時間配分の決定等に関し使用者が具体的な指示をしないこととする業務
②対象労働者 （1項2号）	対象業務を適切に遂行するための知識・経験等を有する労働者
③対象労働者の個別同意（1項6号）	

④労使委員会の設置（2項各号）	ⓐ 労使委員会の委員の半分が、過半数労働組合ないし過半数労働者の代表の指名を得ている者であること（1号）		
	ⓑ 議事録の作成・保存、労働者への周知（2号）		
	ⓒ 運営に関する規程の制定（3号）		
⑤労使委員会の5分の4以上の多数による決議と届出（1項）	ⓐ 決議事項（1項各号）	イ 対象業務（1号）	
		ロ 対象労働者の範囲（2号）	
		ハ 1日のみなし労働時間（3号）	
		二 健康福祉確保措置（4号）	
		ホ 苦情処理措置（5号）	
		ヘ 労働者の同意を要すること、不同意労働者への不利益取扱いの禁止（6号）	
		ト 労使決議の有効期間、健康福祉確保措置（4号）、苦情処理措置（5号）に関する記録を有効期間満了後3年間保存（労基則24条の2の3第3項）	
	ⓑ 労使決議を所轄の労基署長に届けること（1項柱書）		
⑥企画業務型裁量労働制による旨の就業規則又は労働協約の定め			

① 対象業務

　対象業務はⓐ「事業の運営に関する事項についての企画、立案、調査及び分析の業務であつて」、ⓑ「当該業務の性質上これを適切に遂行するにはその遂行の方法を大幅に労働者の裁量にゆだねる必要があり」、ⓒ「当該業務の遂行の手段及び時間配分の決定等に関し使用者が具体的な指示をしないこととする業務」と定められています（38条の4第1項1号。かかる対象業務の範囲については、平成11・12・27労告149号、平成15・10・22厚労告353号参照）。

　ⓐの「事業の運営に関する事項」とは企業経営の動向や業績に大きな影響を及ぼす事項に限られます。「企画、立案、調査及び分析の業務」とは実態の把握、問題点の発見、課題の設定、情報・資料の収集・分析、解決のための企画、解決案の策定等を一体・一連のものとして行う業務を指すとされています。

ⓑについては、業務の客観的性質として労働者の裁量に委ねる必要がある場合であって、使用者が主観的に労働者の裁量に委ねる必要があると判断するのみでは足りないとされています（些細な指示を出すことがかえってマイナスであり、労働者本人の自律性や創意工夫に任せた方がよいことが、客観的に明らかな場合等）。

　ⓒについては、「企画」「立案」「調査」及び「分析」等の業務を、いつ、どのように行うか等について広範な裁量が労働者に認められている業務である必要があります。さらに、時間配分の決定についても、労働者が裁量を有し、現にこれらを発揮する業務でなければなりません。

② 対象労働者

　対象労働者は「対象業務を適切に遂行するための知識、経験等を有する労働者」とされています（同条1項2号）。これは使用者の主観ではなく、客観的にみて対象業務を適切に遂行するための知識、経験を有することが必要とされています。たとえば、大学の学部を卒業した労働者で全く職務経験を有しない者は、客観的にみて対象労働者には当たらないとされています（平成11年12月27日労告149号、平成15年10月22日厚労告353号参照）。

③ 対象労働者の個別合意

　本制度の適用には対象労働者の個別同意が必要とされています（同条1項6号）。この同意は、個別的な同意でなくてはならず、事前の包括的な同意（就業規則の規定をこれに代用することや、入社時の労働契約書の条項など）は認められません。また、これに同意しないことを理由とした不利益取扱いも禁止されています。

④ 労使委員会の設置

　労使委員会を設置し、ⓐその委員の半数については、当該事業場に過半数労働組合（過半数労働組合がない場合には過半数を代表する者）によって任期を定めて指名されていること（同条2項1号）、ⓑ議事録の作成・保存、労働者への周知（同2号）、ⓒ労使委員会の運

営に関する規程の制定（同3号・労基則24条の2の4第4項）が必要とされます（同条2項各号）。

⑤ 労使委員会の5分の4以上の多数による決議と届出

    ⓐ 以下の事項を決議します（同条1項1号〜7号）。

        1号　対象業務

        2号　対象労働者

        3号　みなし労働時間（決議労働時間）

        4号　健康福祉確保措置

        5号　苦情処理措置

        6号　個別労働者の同意を要すること、不同意労働者に対する不利益取扱の禁止

        7号　労使決議の有効期間、及び、健康福祉確保措置（4号）・苦情処理措置（5号）の記録を有効期間満了後3年間保管すること（労基則24条の3の2第3項）

    ⓑ 労使決議を労基署長に届け出ること（同条1項柱書）が必要です。

⑥ 就業規則または労働協約の定め

  企画業務型裁量労働制による効果を発生させるためには、就業規則または労働協約の定めがあることが必要と解されています（白石112頁）。

⑦ 効果

  決議みなし時間だけ労働したものとみなされます（同条1項3号）。詳細は専門業務型裁量労働制の効果と同様です。

（4）みなされた労働時間と実際の労働時間が大きく乖離している場合について

  みなされた労働時間と実際の労働時間が大きく乖離している場合があり、そうしたケースでは、労働者に不満が大きく、紛争に発展しやすいといえます。

この場合でも裁量労働制の要件が充たされると、みなした労働時間しか労働したとみなされず、残業代を請求できないことになります。しかし、あまりに乖離が大きい場合は、そもそも「みなし労働時間」自体が不合理であるといえる場合があります。

　たとえば、1日の労働時間を8時間とみなしているにもかかわらず、長時間労働が常態化しているような職場では、みなしている時間自体が不合理といえます。

　この場合、かかる就業規則の定めが不合理であるとして、労働契約内容になっていないとして、争う余地があります（労契法7条）。

　また、裁判官が執筆している書籍にも「裁量労働制は、労使自治によって導入されるものであるところ、労働者がその適用を争う場合、裁量労働制の制度趣旨に反する運用実態が問題となっていることが少なくない。裁量労働制の適用によって、原則として、実労働時間は問題とならないことになるが、訴訟の勝敗による二者択一的な解決ではなく、和解による柔軟な解決が相応しい事案も多いものと考えられる。」（白石114頁〔村田一広裁判官〕）としており、裁量労働制の導入が長時間労働を呼び込んでいる実態を主張・立証することは、事件解決の"落とし所"を労働者有利に導くためにも必要であるといえます。

賃金債権と相殺するとの主張

- ・使用者が一方的に行う相殺の意思表示は、原則として無効。
- ・合意がある場合、当該合意が労働者の真に自由な意思に基づいてなされていなければ無効。
- ・真に自由な意思表示に基づいたと認められる合理的理由が客観的に存在しないことが必要であり、同意に至った経緯や状況、合意内容をよく精査する。

（1）判例に基づく賃金債権相殺の原則

　使用者が、会社の労働者に対する請求権と残業代請求権とを対当額で相殺する旨を主張することがあります。

　判例では、使用者による一方的な賃金債権の相殺は、労基法 24 条 1 項の賃金全額払いの原則に抵触し、許されないとされています（関西精機事件・最判昭和 31・11・2 民集 10 巻 11 号 1413 頁、日本勧業経済会事件・最判昭和 36・5・31 民集 15 巻 5 号 1482 頁）。

　しかし、労働者が相殺に合意した場合において、当該合意が労働者の真に自由な意思に基づいてなされたと認められる合理的理由が客観的に存在する場合には、賃金全額払いの原則に違反しないとされる余地があります。ただし、相殺に対する同意が労働者の自由な意思に基づくかどうかの判断は厳格かつ慎重になされなければなりません（日

新製鋼事件・最判平成 2・11・26 民集 44 巻 8 号 1085 頁)。

これに対し、個別の合意による相殺は強行法規違反として無効であり、住宅ローンの返済等の定型的な必要性に対しては、労働組合等との間の書面による協定（労基法 24 条 1 項但書）を整備することにより対処するべきであるとする見解もあります（菅野 455 頁）。

使用者から相殺の主張がなされた場合、労働者の同意がなければ、そもそも主張自体失当であり、その旨反論すれば足ります。また、仮に、労働者の同意があったとしても、使用者が主張する自働債権の性質、同意に至った経緯・状況、合意の内容等などに鑑み、当該同意は労働者の真に自由な意思に基づいてなされたと認められる合理的理由が客観的に存在しない旨を反論することになります。

（2）調整的相殺

欠勤や賃金計算の誤り等の事情により賃金過払が生じた場合に、調整的相殺として未払い残業代請求権と相殺が主張される場合があります。

過払賃金の清算のための調整的相殺は、過払いのあった時期と賃金の清算調整の実を失わない程度に合理的に接着した時期においてされ、かつ、その方法、金額などからみて労働者の経済生活の安定を害さない限り、相殺禁止の例外として許容されるとされています（福島県教組事件・最判昭和 44・12・18 民集 23 巻 12 号 2495 頁、群馬県教組事件・最判昭和 45・10・30 民集 24 巻 11 号 1693 頁）。

使用者が、相殺の主張をする際、調整的な相殺に留まるのであればこの例外に当たりますが、それを超えるような相殺を「調整的」と主張するような場合は、(1) の原則どおりとなります。

11 労働者は賃金請求権を放棄しているとの主張

ポイント

- 退職時の包括的清算条項への署名が賃金（残業代）請求権の放棄の意思表示であるか否かの判断は、慎重になされる必要がある。
- 賃金請求権の放棄の意思表示に当たると解される場合であっても、当該放棄は労働者の真に自由な意思に基づかなければならない。
- 労働者が退職前であれば、合意書に署名しないよう助言する。

（1）包括的清算条項とは

　割増退職金の支給や有給休暇買取りなどの退職条件が合意される場合に、当該退職条件を除き、会社と労働者の間には一切の債権債務関係がないという包括的清算条項を含む合意書に署名押印させられている場合があります。

　当該包括的清算条項は、未払い残業代支払請求権の放棄の意思表示と解される余地がありますが、賃金債権の放棄の意思表示は、労働者の自由な意思に基づくことが明確でなければ、賃金全額払いの原則（労基法 24 条 1 項）に抵触します（シンガー・ソーイング・メシーン・カムパニー事件・最判昭和 48・1・19 民集 27 巻 1 号 27 頁）。

　シンガー・ソーイング・メシーン・カムパニー事件は、408 万余円の退職金請求権を有する労働者が、退職に際し、「会社に対し、いかなる性質の請求権をも有しないこと確認する。」旨の記載のある書面

に署名した事案です。最高裁の多数意見は、賃金請求権の放棄について、一般論として上述のとおり述べた上で、①当該労働者が退職前、会社の西日本における総責任者の立場にあったこと、②退職後直ちに会社の一部門と競争関係にある他社に就職することが判明していたこと、③在職中の経費使用について不明瞭の点があったことから、それについての損害の一部を補塡する趣旨で会社が上記趣旨の書面への署名を求めたことを列挙し、退職金請求権の放棄の意思表示は当該労働者の自由な意思に基づくものであると認めるに足りる合理的な理由が客観的に存在していたと判断しました。

これに対し、反対意見は、上記①ないし③の事情を総合しても、退職金請求権の放棄が自由な意思によりなされたものであることを裏付けるに足りる合理的事情とはならないと述べました。反対意見は、放棄の場合には、相殺と異なり、労働者にとって消滅させるべき自己の債務がなく、失うことのみで得るところがないのであるから、放棄が使用者からの抑圧を受けたものではなく真に自由な意思によるものであると認めるにあたっては、それによって、当該労働者がいかなる事実上、法律上の利益を得たものであるかなど、労働者がその権利を放棄することについて合理的な事情が存在したことが明らかにされなければならないと述べています。

(2) 実務上の着眼点

使用者から放棄の主張がなされた場合には、包括的清算条項を含む合意書が締結された経緯や、当該合意書締結により労働者が受ける利益と賃金請求権を放棄することによる失う利益の均衡などの観点から、そもそも合意書に賃金請求権を放棄する意思を表示したものと言い得るのか、及び仮に放棄の意思表示であると解されるとしても、それが自由な意思に基づくものかどうかについて、上記判例の趣旨に照らし慎重に判断する必要があります。

最近、労働者が退職するに際し、定型的に包括的清算条項を含む合

意書や誓約書などを徴する事案が散見されます。しかし、退職のどさくさに紛れてこのような書面を徴したとしても、直ちに賃金請求権を放棄したものとはされません。まして、残業代の場合は、退職時にいくらの未払い残業代が存するか不明なことも多く、このような状況下で合意書等を作成しても、労働者の自由な意思に基づくことが明確とはいえないでしょう。

使用者から、このような書面などが提出され、残業代請求権を放棄した旨の主張がなされても、上記の趣旨を踏まえて、しっかり反論することが必要です。

・エム・テックス事件
（東京地判令和3・9・10労働判例ジャーナル119号）
退職時に、会社と労働者で取り交わした合意書に、「本件合意書に定める以外の権利及び義務を有しないことを確認する」と規定されていたことから、割増賃金請求権についても清算されていた旨の会社の主張に対し、裁判所は、合意書の定めは、労働者が退職することに関する諸事項に限定するものとも解することができ、必ずしも割増賃金等の支払請求権の有無やその額等をも含めた合意をする趣旨であったのか明らかではないことや、合意書作成時に両者の間で残業代その他の金銭の請求等に関する話はなかったとして、合意書の当該条項をもって割増賃金等の支払請求権についても清算をする意思があったとも認め難いとした。

第3章

残業代請求の相談から
解決までの手続

1 相談の際の留意事項

ポイント

・残業代を算出するために必要となる基本的な労働条件を聴取する。

・労働時間の立証資料が入手できるか検討する。

・聴取した事項を踏まえ、使用者からの反論を予想し、それに対する反論の材料を集める。

(1) 基本的事項の聴取

　労働者が残業代請求について相談に来た場合、残業代計算の基礎となる事実を最初に把握する必要があります。

　すなわち、所定労働時間・所定労働日・所定休日、賃金額及び内訳、賃金の締め日・支払日、就業規則や労働協約における時間外労働に対する定めの有無とその内容等です。まずは、これらの基本情報を聴取しましょう（第1章第1節参照）。

(2) 労働時間立証資料の確認と収集

　残業代請求訴訟を提起する場合、各労働日の労働時間（始業時刻及び終業時刻）の立証責任を労働者が負うことから、労働時間を立証する資料を収集することが必要不可欠です（第1章第3節参照）。

　まず、相談者（労働者）の勤務先では、どのような形で使用者が時間管理を行っているかを確認する必要があります。

その際、タイムカードやそれに準ずる労働時間管理ソフトなどで使用者が労働者の時間を管理している場合、労働者が在職中であればそれを確保（コピーやデータを印刷するなど）するように指導しましょう。

　裁判例では、タイムカードの証拠価値を高く認めており、特段の事情のない限り、タイムカードの記載する時刻をもって出勤・退勤の時刻と推認することができるとされています。したがって、タイムカードによる時間管理を行っている職場で働く労働者においては、とにかくタイムカードの確保が優先事項となります。

　タイムカードで時間管理を行っていない職場の場合は、セキュリティカード等による出退館時刻の記録など、できる限り客観的な資料を収集するよう努めましょう。

　これらの資料は、その信用性の程度に応じ、始業時刻及び終業時刻の立証の程度に差が生じますので、複数の資料を用いて相互に補完させることも検討してください。また、その資料自体の信用性にも注意が必要です。たとえば、業務日報や始業時刻・終業時刻をメモした手帳やカレンダー等を立証資料とする場合には、一緒に記録されている業務等に関する記載の正確性や、記録した状況（自席に着席した時点で手帳に始業時刻を書き入れ、業務終了時または離席時に終業時刻を書き入れる等）などにより、証拠としての価値が変わってきます。在職中の労働者から相談を受けた場合には、適切な証拠資料を残すことができるようアドバイスするとよいでしょう。

　なお、タイムカード等の労働時間立証資料を収集していても、退職前に包括的清算条項の入った合意書や誓約書に署名押印をしてしまうと、使用者側から賃金請求権を放棄したなどの主張がなされることもありますので、無用な争点を生まない観点からも、このような書面を作成しないよう指導することが必要です（第2章第11節参照）。

(3) 証拠保全の検討

　労働者がタイムカード等の写しを入手せずに退職したり、解雇等の事情により就業場所への立入を禁じられたりしたため、手元に労働時間に関する立証資料がない場合も考えられます。そのような場合であっても、タイムカードやその他の立証資料が存在していることが明らかであれば、証拠保全の手続を通じて証拠資料を収集することができる場合があります（本章第3節参照）。

(4) 労働実態の把握

　労働時間は、「労働者が使用者の指揮命令下に置かれている時間をいう」（三菱重工業長崎造船所（一次訴訟・会社側上告）事件・最判平成12・3・9民集54巻3号801頁）と定義されており（第1章第3節）、各労働日の労働時間（始業時刻及び終業時刻）の立証と併せて、その時間内、使用者の指揮命令下に置かれて業務を遂行した事実を立証する必要があります。

　労働者の担当業務の具体的内容を詳細に聴き取り、所定労働時間内に当該業務を遂行しきれずに時間外労働を余儀なくされた具体的事情（たとえば、従前2名で担当していた業務を1名で担当するようになった）及び時間外労働の必要性を裏付ける具体的な事実（たとえば、提出期限があるため翌日の所定労働時間内に回すことができない）を聴取する必要があります。

(5) 時間単価の算出と残業代の概算

　第1回の法律相談においては、上記の事情を聴取した上で、未払い残業代の金額を概算します。①時間単価、②1日の平均的な残業時間数、③1か月の労働日数をそれぞれ概算し、①×②×③×割増率という式で求めることができます。

　①時間単価（月給制の相談者の場合）は、除外賃金を控除した賃

金額を1か月の所定労働時間で除します（第1章第2節参照）。

　1か月の所定労働時間は、1か月の所定労働日数に1日の所定労働時間数を乗じて算出します。

②1日の平均的な残業時間数は、とりあえずは相談者の申告した時間数とします。

③1か月の労働日数は、1か月に労働者が実際に労働する平均的な日数とし（休日労働がある場合にはその日数も加算）、相談者の申告に基づき算出します。

（6）考え得る会社からの反論への対処

　実際に残業代請求を行う前に、予想される使用者からの反論（第2章参照）を検討し、効果的に再反論するための材料を用意することも肝要です。労働者が在職中の場合には、使用者が周知義務を負う規程等（就業規則や給与規程など）や会社の組織図等を社内LANや労働組合を通じるなどの方法で入手します。既に離職している場合でも、労働基準監督署に行けば、就業規則などの届出義務のある規程を閲覧できる場合があります。

（7）消滅時効、付加金、遅延損害金に関する留意点

①　催告による時効の完成猶予

　賃金請求権の消滅時効は3年です（労基法115条、附則143条3項）。

　時効完成時期が迫っている場合には、事案に応じて、内容証明郵便により支払請求の意思表示（催告）をした上で半年以内に提訴するなど、時効の完成を阻止する措置を講じる必要があります。催告書には、何年何月分の残業代を請求するのか及び請求額の総額を概算で記載します。

　催告書を送付することにより、使用者が手元に保管していたタイムカード等の資料を破棄・隠匿する可能性がある場合には、労働者の手持ち資料による立証がどの程度可能なのかを見極めることが重要です

（第1章第3節参照）。場合によっては、催告書の送付に先立ち、証拠保全や仮差押え等の手続を選択することも検討しましょう。

なお、催告の効力について、警備員による残業代請求の事案で、残業代の算定に必要となる賃金台帳、タイムカード、現実の勤務を記載した警備勤務表等の書類を労働者は所持せず、時間外手当及び深夜手当を「原告らにおいて容易に算定することができないことは明らかである」として、「このような場合、消滅時効中断の催告としては、具体的な金額及びその内訳について明示することまで要求するのは酷に過ぎ、請求者を明示し、債権の種類と支払期を特定して請求すれば、時効中断のための催告としては十分であると解される」としたものがあります（日本セキュリティシステム事件・長野地裁佐久支判平成11・7・14労判770号98頁）。

② 損害賠償請求の検討

3年間の消滅時効が完成している場合でも、不法行為による損害賠償請求として残業代相当額の損害賠償を認めた裁判例（杉本商事事件・広島高判平成19・9・4判タ1259号262頁）や、取締役や監査役の善管注意義務ないし忠実義務違反により第三者に損害を与えた場合に当たる（会社法429条）として残業代相当額の損害賠償を認めた裁判例（昭和観光事件・大阪地判平成21・1・15労判979号16頁）があります。

③ 付加金・遅延損害金

付加金及び遅延損害金の請求についても留意してください（第1章第6節参照）。

付加金については、残業代請求が認められるとしても、直ちに得られるものではない点を説明する必要があります。安易に「2倍取れる」などの説明は厳禁です。また、除斥期間にも注意してください。

遅延損害金については、退職した場合には利率が高くなりますので（賃確法6条）、退職の有無またはその予定などを聴取しておきます。

（8）会社の資力に疑問がある場合

①　仮差押え

　会社の経営状態が芳しくなく、残業代請求訴訟及びその準備している間に残業代を支払う資力がなくなることが予想される場合には、仮差押えを行うことを検討する必要があります（本章第4節参照）。

②　取締役の個人責任追及

　会社に見るべき財産がない場合など、訴訟を提起しても回収可能性が乏しい事案では、取締役や監査役に対する個人責任追及の可否を検討します。時間外割増賃金の支払義務は、役員が負う善管注意義務ないし忠実義務の内容をなし、故意または重大な過失による未払いにより労働者に賃金相当額の損害を被らせた場合には、同額の損害賠償責任を負う（会社法429条）とした前述の裁判例（昭和観光事件・大阪地判平成21・1・15労判979号16頁）が参考になります。

③　未払賃金立替払制度

　会社が倒産した場合や事実上の倒産状態にある場合には、独立行政法人労働者健康福祉機構から未払賃金の立替払いを受けることができる場合があります。①使用者が1年以上事業活動を行っていたこと、②倒産したこと（法律上・事実上）の要件を満たす場合に、倒産について裁判所への申立て等（法律上の倒産の場合）または労基署への認定申請（事実上の倒産の場合）が行われた日の6か月前の日から2年間の間に退職した労働者が、一定の範囲内で立替払いを受けることができます。

2 手続選択

ポイント

- ・手続としては大きく分けて司法と行政があるが、実効性からすれば司法手続を選択するのが基本。
- ・手続選択にあたり、手持ちの証拠や解決までの時間、依頼者の考えなどを整理する。
- ・どのような状況であれば、どのような手続が適するかを大枠で理解する。

（1）通知と交渉

　労働者からの相談を受け、残業代請求事件を受任した場合、まずは使用者に残業代を支払うよう請求することが原則です。

　既に述べたとおり、残業代の消滅時効は3年と短いため、請求することにより催告をする狙いもあります。

　催告にどの程度の記載をすべきかについては、本章第1節（7）で述べたとおりです。

　その後、使用者もしくはその代理人と交渉をする中で、裁判にならずに解決することもあります。提示された金額、裁判を行うより時間が短く済むというメリット、さらに敗訴リスクなども勘案して、交渉段階で和解するかどうか検討することになります。

　通知も交渉もなくいきなり裁判手続を行うこともあり得ますが、特

にそうしなければならない事情がない限りは、通知はした方がよいでしょう。

(2) 裁判手続

通知をしても反応がなかったり、ゼロ回答であったり、また、交渉をしても満足な結果が得られないときは、裁判手続を検討することになります。

裁判手続は、大きく分けて民事訴訟と労働審判手続の2つを検討することになります。

① 民事訴訟

民事訴訟において残業代請求をする場合は、既に指摘したとおり、労働者側が実労働時間の主張・立証責任を負うことになるため、証拠資料の有無が勝負の分かれ目です。

逆にいえば、タイムカードなど実労働時間立証のための資料がそろっているような事案では、民事訴訟手続を選択することをまず考えるべきといえます。他方、証拠資料が万全でなくとも、メモや人証等から実労働時間が認定される場合もあるので、このような場合も民事訴訟を検討することになります。

そして、何よりも、民事訴訟は時間がかかるというデメリットがあります。使用者側の反論の内容いかんによっては、解決まで長期化する可能性もあり、この点をよく踏まえた上で、選択すべきです。

② 労働審判手続

労働審判手続は、原則3回で終わる手続であるため、短期解決が望める手続です。

しかし、同手続が導入される前は、労働審判手続は残業代請求事件に不向きであるといわれていました（判タ1194号8頁）。これは、使用者が労働者の主張する労働時間を否認した場合、労働者は日々の労働時間を一つひとつ立証しなければならないため、膨大な立証資料が必要となり、かつ、それが労働者の労働時間主張と整合しているか、

1分単位で精査を求められることから、たった3回の期日内で終わらないと考えられていたためです。

ところが、労働審判制度がスタートしてみると、残業代の支払いを求める労働審判手続の申立ては多く、しかも、その内の相当数が解決するなど、今では残業代請求事件であるから労働審判手続に適さないとはいえない状況となりました（判タ1236号10頁、判タ1367号65頁）。

もっとも、原則3回で終わるという性質上、詳細な証拠調べはできません。申立てに際して膨大な証拠資料を出しても労働審判委員会が消化しきれない可能性がありますので、証拠の提出の仕方については、マーカーで強調したり、一次的証拠をまとめた二次的証拠を作成するなど、工夫が必要でしょう。

また、労働審判は原則3回で終わるため、「ざっくり」とした解決がなされることがあります。しかし、仮にこの「ざっくり」型を狙ったとしても、申立書が「ざっくり」でいいというわけではありませんので、しっかりとした申立書を書く必要があります（判タ1367号65頁）。

労働審判手続は労働審判が出されても当事者から異議がでれば民事訴訟へ移行します（労審法22条1項）。このような場合があることを念頭におけば、申立書や証拠資料が「ざっくり」でいいとはならないことは、明らかです。

なお、付加金については裁判所が支払いを命じるとされているため、民事訴訟における判決でしか支払命令は出ませんので、注意してください（ただし、申立ての趣旨に付加金を記載することは第1章第6節のとおり）。

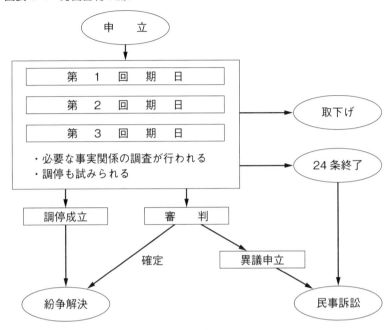

図表 3-1　労働審判の流れ

③　民事訴訟か労働審判手続かの選択

　残業代請求といっても、労働時間数そのものが争点となる事件、会
社の抗弁（管理監督者など）の成否が争点となる事件、残業代の発生
は認めるものの会社に資力がなく払えないという事件など、様々あり
ます。

　また、労働時間数が争点となっている事件でも、労働者に客観的な
立証資料があるか否かでも、事件の進行速度や困難度は大きく異なり
ます。

　このうち、労働時間数が争点で、かつ、確実に客観的な資料がそろ
っている事案の場合は、先に述べたとおり民事訴訟によることをまず
考えるべきといえます。それは、労働審判手続は調停を基調とした手
続であるため、調停が試みられる際に譲歩を求められることがあるか
らです。もし、このような譲歩を嫌うのであれば、当初から民事訴訟

を選択する方が、結果として早期解決となる場合もあります。

他方、譲歩することは厭わず、早い解決や執行リスクの回避を目的とするのであれば、このような場合でも労働審判手続の利用も十分に考えうるところです。

次に、労働時間数が争点で、かつ、客観的資料に乏しい場合は、元々ある程度の譲歩もやむを得ないところがあります。その際、労働審判手続は利用価値の高い制度といえます。特に、「ざっくり」と解決できるところは、労働審判手続の一つの特長でもありますので、訴訟で時間をかけるより、高い満足度を得られる可能性があります。

最後に、労働時間数に争いはないが、管理監督者性など、使用者側の抗弁が争点となる事案については、民事訴訟か労働審判手続かの選択はケースバイケースといえるでしょう。基本的には客観的資料が手元にある事案と同様に考えられますが、使用者側の抗弁の成否、早期解決のメリットなどを念頭に選択することになります。

なお、使用者に資力がない場合は、時間的リスク回避のために早期に結論を得られる手続として、労働審判手続は有用といえます。

④　仮差押え

使用者の資力が乏しく裁判等を行っている間に資産がなくなる可能性があるような場合は仮差押えを行います。この手続自体、民事訴訟・労働審判手続と矛盾するものではありませんので、先行して、または、併行して行うことができます。

なお、使用者が仮差押決定に異議を述べて、保全異議の審尋の中で和解が成立し、事件が解決することもあります。

仮差押手続については、本章第4節を参照してください。

⑤　その他の手続

（ⅰ）少額訴訟

少額訴訟は、60万円以下の金銭の支払いを求める請求についての特別手続です（民訴法368条以下）。請求する残業代が60万円以下の場合は、利用可能です。

少額訴訟は、原則として1回の期日で審理が終結し（同370条1項）、調べられる証拠も即時に調べることが可能なものに制限されています（同371条）。判決は、弁論終結後直ちになされるので（同374条）、素早い解決が見込まれますが、上級審への控訴は許されず（同377条）、受訴裁判所に対する異議だけが認められる（同378条）という特則があります。

　ただし、被告となった使用者は通常手続への移行を申述することができ、これがなされると通常手続によって審理されることになり（同373条1項）、少額訴訟のメリットはなくなってしまいますので、注意が必要です。

（ⅱ）督促手続

　督促手続とは、金銭などの給付を目的とする請求権について、簡易迅速な確定を行うための手続です（民訴法382条以下）。当然、残業代請求においても利用可能です。手続は、債権者が申立てをすると、支払督促が発されます。この際、審尋はなされません（同386条1項）。

　ただし、支払督促に対し、債務者は督促異議を申し立てることができ、適法な督促異議の申立てがあったときは、通常の民事訴訟に移行します（同395条）。

（ⅲ）民事調停

　民事調停は、民事紛争につき、裁判官と民事調停委員により構成される調停委員会が、当事者の合意に基づく紛争解決を図る手続です。残業代請求事件も、民事調停を利用することは可能です。

　ただし、民事訴訟や労働審判と異なり、当事者の合意が基礎となるので、鋭く対立している事案や事実関係に争いのある場合などは適しませんので、残業代請求にはなじみにくいといえるでしょう。

　調停手続は、調停委員会（主に民事調停委員）が当事者から事情を聴取し、当事者の合意が成立するようすり合わせが行われます。

　調停が成立する場合は調停調書が作成され、それは裁判上の和解と

同一の効力を持ちます（民調法 16 条）。調停が成立しない場合で、裁判所が相当と認めるときは調停に代わる決定をすることができますが（同 17 条）、実例はほとんどありません。なお、この決定に対して不服があるときは、2 週間以内に異議を申し立てないと訴訟上の和解と同一の効力が与えられます。異議を申し立てると決定の効力は失われます（同 18 条）。

（ⅳ）先取特権

民法上、「雇用関係」を原因として生じた債権を有する者は、債務者の総財産について先取特権が認められています（民法 306 条 2 号）。

先取特権の対象となる債権は「給料その他債務者と使用人との間の雇用関係に基づいて生じた債権」とされています（同 308 条）。残業代は賃金ですので、当然これに含まれることになります。

行使にあたっては、先取特権は担保権ですので、担保権の存在を証する文書が必要となります（民執法 193 条 1 項）。残業代についていえば、労働契約の存在、給料の定め、労務の提供の各事実に加え、所定労働時間外に労働した事実を証明する書証等が必要となります。

ただし、残業代については、使用者が抗弁を有し、争いとなる場合も多いので、基本賃金の不払いの場合と比べて、先取特権の行使につき執行裁判所は慎重な姿勢を見せます。これは、先取特権は、一般債権者に優先する効力を有するにもかかわらず、通常は他の一般債権者が知らないうちに執行が完了し、しかも他の債権者に不服の機会がない等の特徴があるからです。

使用者が、未払い残業代について証明書を発行するなどしていれば、先取特権を検討すべきですが、そうでない場合は、他の手続も併せて検討すべきでしょう。

（3）行政機関

行政機関は、司法機関と異なり、そもそも紛争解決機関ではないので、争いのある事実に対する認定能力や当事者が出頭しない場合に手

続を進められないなど、限界があります。したがって、終局的解決には適さない機関であることを念頭に置いた上で、活用することが必要です。

① 労働基準監督署の活用

　労働基準監督署は、労働局の下部機関として各都道府県に複数設置される機関です。労基署などと略されて呼ばれることもあり、国民にとっては比較的身近な労働行政サービス機関といえるでしょう。

　労働基準監督署は、労働基準行政の第一線機関として、労基法をはじめ所管する法律に基づき、労働条件確保・改善の指導、安全衛生の指導、労災保険の給付などの業務を行います。

　そして、労働基準監督署は、労基法等の法令違反についての申告も受け付けており、違反が認められれば使用者に是正勧告をします（申告監督）。また、定期的に各労働基準監督署の管轄内の事業所の法令順守状況を確認し、違反があれば是正勧告をすることもあります（定例監督）。

　また、労働基準監督官は、労基法等の所管する法令に罰則が設けられている事項については特別司法警察員として犯罪捜査を行う権限を有しています（労基法102条）。特に悪質な法令違反の場合など、行政指導に止まらず、警察権を行使することがあります。

　残業代不払いの問題は、労基法違反そのものの問題ですから、上記のとおりの権限を有する労働基準監督署に、労働者が労基法違反を申告すれば、是正勧告等が行われ、これによって、使用者が法令違反状況を改善すれば（要するに残業代を支払えば）、紛争は解決することになります。

　また、残業代の不払いには刑事罰がありますので（労基法119条）、告訴も可能です。告訴した場合、使用者が示談目的で、残業代を支払ってくる場合があります。

　いずれにしても、労働基準監督署への申告は行政処分を求めるものであり、告訴は刑事処罰を求めるものですので、私法上の紛争を解決

するという目的ではありません。これらによって、紛争が解決するのは、あくまでも副次的な効果であるといえます。

② 労働局のあっせん

　個別労働紛争解決促進法の制定により、個々の労働者と事業主との間の紛争（個別労働関係紛争）について、紛争調整委員会が設置され、同機関によりあっせんが行われることになりました（同法6条）。

　あっせんは、個別労働関係紛争の当事者の一方または双方から申請があった場合で、労働局長が必要と認めた場合、紛争調整委員会に個別労働関係紛争のあっせんを行わせることになります。

　紛争調整委員会は学識経験者が任命され、3名のあっせん委員があっせんを行ないますが（同12条）、実質的に主任の1名が行っているようです（東京の場合）。

　あっせん手続は、あっせん委員が当事者の間に入り、当事者や参考人から事情を聴取し、当事者双方の主張を整理・検討し、その上で実情に即した解決ができるようあっせんを行います（同12条）。また、必要があればあっせん案を作成し、これを当事者に提示し、あっせんの成立を促しています（同13条）。

　当事者に合意が成立し、あっせんが成立した場合は、当事者双方はその合意に私法上拘束されます（和解契約としての拘束力が生じるに過ぎず、債務名義にはなりませんので、これをもって強制執行はできません）。

　紛争解決の見込みがない場合は、あっせんは打ち切られますが、あっせんが打ち切られた場合でも、30日以内にあっせんの対象となった請求につき訴えを提起すると、あっせん申請時に訴えの提起があったとみなされ、時効の中断効がその時点で生じます（同15条、16条）。

　あっせんは、相手方に出頭する義務がありませんので、相手方が応じない限り打ち切られることになります。また、お互いに同意できる条件にならなければ打ち切られるという限界もあります。

残業代の場合も、話し合いで解決する素地があれば利用することも考えられますが、あえてこの手続を選択する実益は乏しいといえます。

3

証拠保全

ポイント

- ・証拠保全の利用を検討する場面を理解する。
- ・申立書に記載すべき事項を理解する。
- ・申立て後の流れを理解する。

（1）証拠保全を利用する

　既に述べてきたとおり、使用者に対して残業代を請求するには、ま
ず、実労働時間から残業代の額を計算しなければなりません。また、
訴訟では、労働者は労働契約の内容に加えて、労働者の実労働時間を
1日ごとに主張立証しなければならないのが原則です。

　実労働時間を証明するための証拠としては、タイムカード、業務日
報、パソコンのログイン・ログオフの時間記録、シフト表などが挙げ
られますが（第1章第3節参照）、これらの証拠は使用者の手中にあ
ることが大半です。

　これらの実労働時間を証明するための証拠を手に入れる方法として
は、使用者との交渉の中でこれら資料の写しを任意に交付してもらう
か、もしくは、残業代を実労働時間に関する当事者の記憶や手持ち証
拠から概算した上で裁判手続の中で文書送付嘱託（民訴法226条）や
文書提出命令の申立て（民訴法221条）を行うなどし、裁判所の決定
や命令を経て使用者からこれらの資料を提出させるなどすることが考

えられます。

　しかしながら、悪質な使用者はこれらの資料の提出を拒否したり、もしくは、裁判を提訴した時点でこれらの資料を廃棄・改ざん等する可能性も存在します。また、残業代請求事件を受任した代理人としては、使用者との交渉前から、予め請求する残業代の額がどの程度になるのかを確定しておきたいところです。

　そこで、予めこれらの資料を収集する手段の一つとして証拠保全の申立て（民訴法234条以下）を利用することが考えられます。

（2）証拠保全の申立書を作る

①　証拠保全の申立書の記載事項

　証拠保全の申立ては、書面でしなければなりません（民訴規則153条1項）。申立書には、表題、申立てをする裁判所、年月日、申立人または代理人の記名・押印、申立人、代理人及び相手方の住所・氏名、送達場所、申立人または代理人の電話番号・FAX番号のほか、申立ての趣旨、申立ての理由として証明すべき事実及び証拠保全の事由を記載します（民訴規則153条2項参照）。

　また、証拠保全の事由は疎明しなければならないので（民訴規則153条3項）、申立書には疎明資料を添付するほか、代理人申立ての場合には訴訟委任状、相手方が法人の場合には資格証明書の添付を要します。

②　管轄

　訴えの提起前における証拠保全の申立ては、検証物の所在地を管轄する地方裁判所または簡易裁判所に行います（民訴法235条2項）。地方裁判所か簡易裁判所かのいずれを選択するかは、本案訴訟の事物管轄に関係なく、申立人の選択に任せられていると解されています（証拠保全90頁）。

③　申立ての趣旨

　申立ての趣旨は、証拠保全の申立てによって求める決定内容の結論

的部分の記載のことをいいます。

たとえば、「相手方の店舗（住所…）に臨み、相手方が保管・所持する別紙物件目録記載の物件について検証をするとの決定を求める」、検証物の提示命令まで求める場合には、「相手方は、上記検証物を証拠調べ期日において提示せよ」と併せて記載します。

④　保全の対象とする主な証拠

残業代請求において保全すべき証拠としては、実労働時間を証明するための資料として、タイムカード、業務日報、パソコンのログイン・ログオフの時間に関する電子的記録、シフト表などが考えられ、賃金支払い実績を示すものとして、賃金台帳等が考えられます。

また、労働契約の内容を証明するための資料として、就業規則を証拠保全の対象とすることもありますが、労働基準監督署に届けられていることなどから後記の証拠保全の事由に欠けるなどとして、就業規則については証拠保全が認められないこともあります。

⑤　証明すべき事実

証拠保全により保全する証拠によって証明しようとする事実を記載します。

証明すべき事実は具体的に記載すべきとされていますが、訴え提起前の証拠保全は、本案訴訟前に緊急を要する段階で行うものであるから、ある程度概略的な記載をすることも許されます（証拠保全99頁）。

たとえば、タイムカードによって労働者の実労働時間を立証する場合には、「申立人が、相手方における各所定労働日の各所定労働時間を超えて労働したが、これに対する所定の時間外賃金が支払われていない事実」などと記載します。

⑥　証拠保全の事由

「証拠保全の事由」とは、「あらかじめ証拠調べをしておかなければその証拠を使用することが困難となる事情」（民訴法234条）をいいます。

証拠保全の事由としては、滅失、散逸、廃棄、改ざんなどが挙げら

れますが、これらの事由は一般的・抽象的な「改ざんのおそれ」等だけでは足りず、これらを基礎づける事実を具体的に記載し、具体的な「改ざんのおそれ」等を疎明しなければならないとされています（証拠保全104頁～114頁参照）。

　たとえば、タイムカードであれば、残業代未払いという法無視の態度、証拠が全て相手方の手中にあり容易に廃棄・隠匿が可能であること、交渉の経過における相手方の不誠実性等から、具体的な廃棄・隠匿等のおそれを主張・疎明することになるでしょう。

　なお、訴え提起前の証拠保全の場合、証拠を保全したあとに本案訴訟を提起する予定でなければ、証拠保全の事由があるとは言い難いので、申立書には本案訴訟提起の予定を記載し、その疎明をすることが必要であるとされています（証拠保全103頁）。

（3）証拠保全の申立書の記載例

　これまでの注意点を踏まえ、具体的な記載例を次頁に記載します。参考にして、内容の整理をしてみてください。

証拠保全申立書の例

証拠保全申立書

令和○年○月○日

東京簡易裁判所民事部　御中

申立人代理人弁護士　　甲野太郎　㊞

〒○○○ - ○○○○　　東京都新宿区新宿○丁目○番○号
　　　　　　　　　　○○マンション○○号室

申立人　　乙野次郎

〒100-0006　　東京都千代田区有楽町１丁目○番○号○○ビル○階
　　　　　　○○法律事務所（送達場所）

上記申立人代理人弁護士　　甲野太郎
電　話　03-○○○○ - ○○○○
ＦＡＸ　03-○○○○ - ○○○○

〒○○○ - ○○○○　　東京都渋谷区恵比寿○丁目○番○号

相手方　　株式会社丙野不動産
上記代表者代表取締役　　丁野三郎

証拠保全申立　　事　件
貼用印紙額　500 円

申立の趣旨

　相手方の事務所及び店舗（住所　東京都渋谷区恵比寿○丁目○番○号○○ビル）に臨み、相手方が保管・所持する別紙物件目録記載の物件について検証をする。

　相手方は、上記検証物を証拠調べ期日において提示せよ。

との決定を求める。

申立の理由

第1　証明すべき事実

　申立人が、相手方における各所定労働日の各所定労働時間を超えて労働したが、これに対する所定の時間外賃金が支払われていない事実。

第2　証拠保全の事由

1　当事者

(1) 相手方は、不動産の仲介及び販売を目的とする株式会社（甲1）であり、従業員数は正社員が約 10 人、アルバイトが 5 人である。

(2) 申立人は、平成 30 年 4 月 1 日、相手方に雇用期間の定めなく正社員として入社したが（甲2）、相手方における過重労働によりうつ病に罹患し、令和 3 年 8 月 30 日、相手方を退職した者である（甲3）。

2　申立人の労働条件等（甲2）

(1) 所定労働時間

　　9：00 ～ 18：00（休憩 1 時間）。

(2) 所定休日

　　土日祝日、年末年始 6 日間、夏季休暇 3 日間

(3) 所定賃金

　　月額 25 万円

　　なお、上記以外に残業代として固定残業手当が毎月 3 万円、交通費が毎月 1 万円支給されている。

　　賃金の支払日　毎月 15 日締め 25 日払い

(4) 業務内容

　　経理・営業事務全般

3　申立人の労働実態

(1) 申立人の労働時間は相手方においてタイムカードによって管理されていた。相手方の各社員は自分でタイムカードを各労働日の出退勤時に打刻し、1 月分をまとめて総務担当社員に提出する。その上で、総務担当社員が確認の上、確認印を押すことにより労働時間の管理をしている。

(2) 相手方は業務量に比して社員数が少なく、申立人は入社当初から連日のように残業を行い長時間労働を強いられた。申立人の勤務時間は月 300 時間を超える月もあるほどであった。

(3) しかるに相手方は、残業代として固定残業手当を毎月 3 万円支払うのみで、申立人の時間外労働に対する手当をこれ以外に全く支払っていない（甲 4）。

4　保全の必要性

(1) 申立人は相手方を退職後、渋谷労働基準監督署に残業代の未払について申告し、同署は相手方に対し申立人のタイムカード等を提出するように指示した。相手方は、同署の指示に応じ、申立人に開示しないことを条件として申立人のタイムカード等を提出し、申立人の残業代が○○円になる旨の残業代計算書も提出したが、残業代の一部である 50 万円を支払うことで和解して欲しいなどと誠意のない対応をした。そこで、申立人は相手方を被告とし、東京地方裁判所に対し、未払賃金（時間外手当）請求の訴えを提起すべく準備中である。

(2) 本件で、相手方の賃金台帳は、時間外手当の時間単価・額等

を算出するために必要不可欠な証拠であり、申立人のタイムカードは、申立人が所定労働時間を超えて労働を行っていたことを証明するために不可欠な証拠である。

(3) 相手方は、渋谷労働基準監督署に対して、申立人に開示しないことを条件としてタイムカード等を提出するなど、これらの証拠について任意の開示に応じることは考えられない。そして、これらの証拠はすべて相手方の管理下にあり、とりわけタイムカードについてはいつでも毀棄、隠匿、または改ざんされる危険に晒されている。また、相手方は、申立人が相手方において稼動している間、時間外手当を固定残業手当を除いて全く払っていない。よって、訴訟となると相手方によるこれらの証拠、とりわけタイムカードについての毀棄等の可能性は極めて高い。

(4) 他方、相手方がこれら資料を証拠保全されることによる不利益は無いのに対し、申立人がこれら資料を立証に利用できなくなる不利益は甚大である。

(5) よって、申立人は、本件申立てに及んだ次第である。

疎明方法

甲第1号証	現在事項全部証明書
甲第2号証	雇用契約書
甲第3号証	退職届
甲第4号証の1〜12	給与明細書
甲第5号証	陳述書

添付書類

1 甲第1号証（兼資格証明書） 1通
2 甲第2〜5号証写し 各1通
3 訴訟委任状 1通

別紙物件目録

1　申立人のタイムカード
2　申立人の勤務期間中（平成 30 年 4 月〜令和 3 年 8 月）の賃金台
　帳

（4）証拠保全を申し立てた後の流れ

①　裁判官面接

　証拠保全を申し立てると、通常は、担当部の書記官から連絡があり、裁判官面接の日時を調整します。裁判官面接では、疎明資料の原本確認、申立書の記載の補足説明などが求められ、申立書に不備や補充を要することがあれば、不備の補正や資料等の追完が求められます。

　その上で証拠保全の必要性があると判断されれば、証拠保全の実施期日や証拠保全当日にカメラマンやパソコンの操作などを行うエンジニアを同行する予定の有無など具体的な実施方法等について打ち合わせが行われます。また、当日の待合せ場所などについても打ち合わせが行われ、申立代理人に現場周辺の地図を裁判所に送るように指示されます。

　なお、証拠保全の申立てに加えて検証物提示命令の申立てまでしたとしても、提示命令の申立てについては決定を留保したり、証拠保全の決定のみ行うということが多いようです。

②　証拠保全までの準備

　証拠保全の予定日時が決まったところで、申立代理人は証拠保全当日に同行するカメラマンやパソコンの操作などを行うエンジニアの手配をします。カメラマンの同行は必須というわけではありませんが、保全すべき対象物を的確に証拠に残すためにもカメラマンを同行した方がよいでしょう。保全すべき対象としてパソコン内のデータなどがあるときは、エンジニアを同行するときもあります。

　また、裁判所に依頼された現場周辺の地図を準備し裁判所に提出します。

③　証拠保全の実施

　証拠保全実施当日は、通常、実施時間の1時間ほど前に相手方に執行官送達が行われ、実施時間に裁判官、書記官、申立代理人、カメラ

マンやエンジニアが現地に行き証拠保全を実施します。裁判官から証拠保全の手続等について説明がなされ、証拠保全の対象物を相手方に提示してもらい、裁判官が検証を実施し、カメラマンが対象物の写真を撮影していきます。

　なお、検証物が既に廃棄済で現場になかった場合には、その旨調書に記載され、証拠保全の手続は終了となります。

(5) 保全記録の謄写

　証拠保全終了後、カメラマンに撮影したものを現像してもらい裁判所に届け、これを証拠保全の結果が記載された調書に添付して保全記録が完成します。申立代理人はこれを謄写して証拠として利用し、本訴提起後に証拠として提出します。

4 仮差押え

ポイント

・仮差押えを利用する場面と、申立書に記載すべき事項を理解する。

・預金債権や売掛金の仮差押えには注意する。

・申立て後の流れを理解する。

(1) 仮差押えを利用する

　残業代請求を裁判を通じて行う場合、特に中小企業などにおいて、裁判が長期化しているうちに、使用者がその財産を隠匿したり経営不振等により財産が減少したりして本案判決を得ても執行できないという事態が起こり得ます。これを防止するため、予め使用者の財産を仮に差し押さえて保全しておく制度として仮差押えがあります。

(2) 仮差押命令の申立書を作る

①　管轄

　仮差押命令の申立ては、本案の管轄裁判所または仮に差し押さえるべき物の所在地を管轄する地方裁判所に申し立てます（民保法12条1項）。

②　被保全権利と保全の必要性

　申立書には、被保全権利として残業代請求権の発生要件事実等を記載し、これを疎明しなければなりません。この際の記載内容は、訴状

と同程度のものが必要です。

　また、本案訴訟の結論を待ったのでは、「強制執行をすることができなくなるおそれがある」こと、または「強制執行をするのに著しい困難を生ずるおそれがある」こと（保全の必要性・民保法 20 条 1 項）を主張・疎明しなければなりません（民保法 13 条）。

③　預金債権や売掛金債権の場合の注意点

　預金債権や売掛金債権の仮差押えをする場合には、仮差押えによる銀行取引停止処分や会社の信用の毀損など影響が大きいことから、まずは本店所在地に不動産がないか等の調査を求められ、この調査を経て（本店所在地の不動産登記簿謄本等を提出することになります）、初めてこれら債権の仮差押えをすることができることになっています（審理ノート 185 頁）。

（3）仮差押命令を申し立てた後の流れ

　仮差押命令の申立てをした後は、裁判官と面接を行い、疎明資料の原本確認や申立書の補足説明や釈明を求められます。その上で、被保全権利と保全の必要性があると判断された場合には、担保金の額が決められます。残業代請求権の場合、担保金の額は、請求額のおおよそ 1 ～ 2 割程度のことが多いと思われます。

　債権者は決められた担保金を法務局に供託し、これを裁判所に届け出た後、仮差押命令が発令されることになります。

● 編者

旬報法律事務所（じゅんぽうほうりつじむしょ）

1954 年創立。働く人や市民の生活と権利を擁護し、平和と民主主義を守る理念の下に結成。労働事件としては、全逓東京中郵事件、東京電力賃金差別事件などの歴史的事件のほか、近年では、日本郵便（東京）事件、日本マクドナルド店長・名ばかり管理職事件、阪急トラベルサポート・残業代請求事件、など多数。

旬報法律事務所ホームページ ➡

● 改訂版　執筆者・編集責任者

佐々木 亮（ささき りょう）

2003 年弁護士登録。日本労働弁護団常任幹事、日本弁護士連合会労働法制委員会委員、東京弁護士会労働法制特別委員会委員、日本労働法学会会員。著書に、「ドキュメントブラック企業「手口」からわかる闘い方のすべて」（共著、筑摩書房、2014 年）、「労働審判を使いこなそう！ 典型事例から派遣・偽装請負まで」（共著、エイデル研究所、2014 年）、「いのちが危ない残業代ゼロ制度」（共著、岩波書店、2014 年）、「論点体系 判例労働法 4 集団的労使関係・紛争解決手続」（共著、第一法規、2015 年）、「ブラック企業・セクハラ・パワハラ対策（労働法実務解説 10）」（共著、旬報社、2017 年）、「会社に人生を振り回されない 武器としての労働法」（KADOKAWA、2021 年）など。

● 初版　執筆者

佐々木　亮（ささき　りょう）
［編集責任者、第 1 章第 3 節（1）（2）、第 3 章第 2 節］
2003 年弁護士登録。日本労働弁護団常任幹事。

圷　由美子（あくつ　ゆみこ）［第 2 章第 5 節］
2000 年弁護士登録。日本労働弁護団常任幹事。著書に「実務家のための労務相談 民法で読み解く」（共著、有斐閣、2020 年）など。現在は東京駿河台法律事務所（東京都）に所属。

雪竹　奈緒（ゆきたけ　なお）［第 2 章第 2 ～第 4 節］
2002 年弁護士登録。日本労働弁護団常任幹事。第二東京弁護士会副会長（2022 年度）。著書に「労働事件ハンドブック＜ 2018 年＞」（共著、労働開発研究会、2018 年）など。

梅田　和尊（うめだ　かずたか）［第 3 章第 3 ～第 4 節］
2004 年弁護士登録。日本労働弁護団常任幹事。著書に「明日、相談を受けても大丈夫！労働事件の基本と実務」（共著・編集代表、日本加除出版、2020 年）など。

新村　響子（にいむら　きょうこ）［第 2 章第 6 ～第 7 節］
2005 年弁護士登録。日本労働弁護団常任幹事。著書に「ブラック企業・セクハラ・パワハラ対策（労働法実務解説 10）」（共著、旬報社、2017 年）など。

並木　陽介（なみき　ようすけ）［第 1 章第 3 節（3）、第 2 章第 1 節］
2007 年弁護士登録。自由法曹団常任幹事。著書に「明日、相談を受けても大丈夫！労働事件の基本と実務」（共著、日本加除出版、2020 年）など。

蟹江　鬼太郎（かにえ　きたろう）［第2章第8〜第9節］
2007年弁護士登録。日本労働弁護団、過労死弁護団。著書に「新労働相談実践マニュアル」（共著、日本労働弁護団、2021年）など。

三枝　充（さえぐさ　みつる）［第1章第1〜第2節］
2008年弁護士登録。著書に「震災の法律相談」（共著、学陽書房、2011年）など。現在はKollectパートナーズ法律事務所（東京都）に所属。

細永　貴子（ほそなが　たかこ）［第2章第10〜第11節、第3章第1節］
2009年弁護士登録。ジェンダー法学会会員。著書に「図説　企業の論点」（共著、2021年、旬報社）など。現在はプライマリー法律事務所（福岡県）に所属。

早田　由布子（はやた　ゆふこ）［第1章第4節］
2010年弁護士登録。第二東京弁護士会両性の平等に関する委員会副委員長。「これでわかった！〈超訳〉特定秘密保護法」（共著、岩波書店、2014年）など。

深井　剛志（ふかい　つよし）［第1章第5〜第6節］
2011年弁護士登録。東京弁護士会労働法制委員会委員。著書に「地下アイドルの法律相談」（共著、日本加除出版、2020年）など。

改訂版　未払い残業代請求　法律実務マニュアル

2022 年 7 月 28 日　初版発行

編　者　旬報法律事務所
発行者　佐久間重嘉
発行所　学陽書房
　　　　〒 102-0072　東京都千代田区飯田橋 1-9-3
　　　　営業　TEL 03-3261-1111　FAX 03-5211-3300
　　　　編集　TEL 03-3261-1112
　　　　http://www.gakuyo.co.jp/

カバーデザイン／佐藤 博
DTP 制作／ニシ工芸
印刷・製本／三省堂印刷

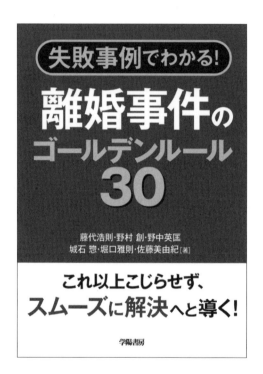